中学校英語

Benesse®

英語授業の「幹」をつくる本

上巻

北原延晃

株式会社ベネッセコーポレーション

北原先生の本への想い

　昭和37年（1962年）4月，東京都の公立中学校の英語教師となった。1学級54名，全校36学級，英語教員8名の中学校であった。1学年担任，週27時間（英語5時間×5クラス＋学級活動1時間＋道徳1時間）で，学年打ち合わせ，校務分掌打ち合わせの時間も日程に組み込まれており，殆ど空き時間がない毎日であった。放課後は，バスケット部の指導で遅くの帰宅，校務等の忙しさは現在以上だったと思う。現在のような印刷機，コピー機，コンピュータ等は無い時代である。蝋原紙をガリ版の上に置き，鉄筆で予習プリントの原稿を作成し，手動の印刷機で印刷して毎時間の授業に臨んだ。
　しかし，現在の学校環境と較べてマイナス面ばかりではなかった。初任校での7人の英語教師は私にとって常に目標であり，素晴らしい指導者であった。北原先生との出会いの日となる「雪の日の授業」（1984年2月17日）までに，数え切れない多くの先輩教師に私は育てられた。
　現在少子化による学級数の減少に伴い，1校の英語教師は3名前後の学校が普通となった。校内で厳しい指導を受けることが稀になった今日，北原先生の実践に裏付けられた理論，理論に裏付けられた実践の集大成である『英語授業の「幹」をつくる本（上・下巻）』は，私が受けた先輩からの指導に「勝るとも劣らない」英語教師への指針・豊富な実践資料の宝庫だと思う。読者の先生方，北原先生の指導実践を糧にし，ご自分の授業を更に磨き，しっかりした根を張った樹を，次世代を担う先生方に手渡して欲しい。

元　武蔵野大学
長　勝彦

著者まえがき

　部活命，毎日書いた学級通信，そしてツッパリくんの指導。若い頃の私の仕事は毎日これら3つを中心に回っていた。「でも何かが違う」──そう思っていた頃に出会った長勝彦先生の授業。あの日から教師としての生き方が180度変わった。「授業で勝負」とは今でこそよく言われるが，私がそれを実感したのは20代後半だった。あれから30年近い年月が経とうとしている。その間に長先生のどっしりした幹の上に自分なりの指導理念ができ，指導技術を開発することができた。今，その「北原メソッド」を実践している同僚，元同僚，そして若い先生方が全国にいる。ここらで「北原メソッド」を体系化して後世に残そうということになった。この本が若い先生方はもちろん，今一度自分の授業を見つめ直してみたいと思っていらっしゃる先生方の参考になればこれ以上の幸せはない。

　　　　　　　　　　　　　　　　　　　　　　　　　　　北原　延晃

目次

「北原先生の本への想い」（長勝彦）……………………………………3
著者まえがき ……………………………………………………………4

第❶章　「北原メソッド」の効果 ………………………………… 12
第1節　「学力をつけるにはこれが欠かせない！」………………… 12
1．英語は中学が基礎 ……………………………………… 12
2．適切な時期に適切な教材を適切な方法で………… 13
第2節　ふつうの公立中学校を日本一にした指導 ………………… 15
1．英検準2級受験率・取得率全国公立中学校でトップ！… 15
2．英語が苦手だった生徒ほど高校でトップクラス！… 15
第3節　3つのテスト ……………………………………………… 17
第4節　『わくわく授業』出演学年の成績データ ………………… 19
1．中学2年終了時の成績 ………………………………… 19
2．中学3年の成績 ………………………………………… 20
3．卒業生への追跡調査 ………………………………… 22
4．英検準2級取得者へのアンケート ………………… 24
第5節　授業システム ……………………………………………… 26
第6節　教育環境 …………………………………………………… 27
第7節　授業内容 …………………………………………………… 29
1．授業構成 ………………………………………………… 29
2．典型的授業パターン ………………………………… 30

第❷章　小学校英語活動とのスムーズなつながり ……………… 40
第1節　小学校でできたと思うもの ……………………………… 40
第2節　発音指導，辞書指導，語彙指導，音読指導 …………… 43
第3節　動詞40個のインプット ………………………………… 48
1．アクションカード …………………………………… 48
2．残りの22個の動詞 ………………………………… 51

第❸章　発音指導 …………………………………………………… 52
第1節　発音指導は中学校英語教師の最大のつとめ …………… 52
1．データから見る「発音がいい」…………………… 52

　　　　　　2．入学当初の発音指導……………………………53
　　　　　　3．日常の発音指導………………………………53
　　　第2節　音読テスト…………………………………………60
　　　　　　1．どう運営するか………………………………60
　　　　　　2．criteriaはどう設定するか……………………60
　　　　　　3．学期に何回やるか……………………………60
　　　　　　4．事前に何を告知しておくか…………………60
　　　　　　5．結果の開示は？………………………………60
　　　第3節　発音指導に関する生徒の感想……………………62

第❹章　辞書指導………………………………………………………63
　　　第1節　辞書指導ワークショップ…………………………64
　　　第2節　辞書指導の始め方…………………………………65
　　　　　　1．中学生にやさしい辞書………………………65
　　　　　　2．辞書指導の約束事……………………………66
　　　第3節　辞書指導の実際……………………………………73
　　　　　　1．辞書指導の中心部分…………………………73
　　　　　　2．辞書をよく使わせる教材……………………102
　　　　　　3．辞書を引かせない指導………………………105
　　　第4節　辞書指導の効果……………………………………106
　　　第5節　辞書指導ワークショップ参加者の声……………110
　　　第6節　辞書指導ワークショップ資料……………………115
　　　　　　1．辞書指導にまつわる「目からウロコ」……115
　　　　　　2．辞書指導へのアプローチ……………………117
　　　　　　3．辞書指導に関する生徒の記述………………119
　　　　　　4．「辞書指導ワークショップ」これまでの開催地，
　　　　　　　　参加者数，キャッチフレーズ…………………121

第❺章　語彙指導………………………………………………………123
　　　第1節　学習指導要領における扱い………………………123
　　　　　　1．指導する語・連語・慣用表現について……123
　　　　　　2．運用について…………………………………125
　　　第2節　ビンゴ………………………………………………126
　　　第3節　フラッシュカード…………………………………130

		1．出来合いか手作りか？	130
		2．カードの体裁	131
		3．どんな情報を盛り込むか？	131
		4．提示の段階 「飽きないくり返し」	132
		5．復習の段階	133
	第4節	語彙指導の場面	133
	第5節	理論に裏打ちされた語彙指導を	134
	第6節	カテゴリー別単語書き	137
	第7節	受容語彙と発表語彙を区別して指導する	139
	第8節	60秒クイズと90秒クイズ	142
	第9節	語彙指導の成果	146
	第10節	語彙指導に関する生徒の感想	152

第❻章 音読指導 ……154

第1節	語学習得に音読が不可欠なわけ	154
第2節	音読指導の基本	155
	1．音読までの授業の流れ	155
	2．音読指導の実際	156
	3．音読の継続	157
第3節	音読はどこまでが必要十分か	157
第4節	ジェスチャーリーディング	158
第5節	音読テスト	159
第6節	音読指導その他の工夫	162
	1．市販のワークブックを使った音読指導	162
	2．少しの時間で多くの練習	162
	3．朗読活動	162
第7節	音読に関する生徒の感想	163

第7章以降のためのまえがき …… 164

第❼章 リスニング指導 …… 165

第1節	データから	165
第2節	LISTENING TRAINING "POWERED"	168
第3節	Teacher Talk	170

		1．英語で授業をするとは？	170
		2．都中英研研究部の研究	171
		3．Teacher Talk の例	172
	第4節	リスニング・ゲーム	173
	第5節	オーラル・イントロダクション	178
	第6節	リスニング活動に関する生徒の感想	179

第❽章　スピーキング指導 …………………………………… 180
　第1節　スーパー・ペアワーク ……………………………… 180
　第2節　クイックＱ＆Ａ ……………………………………… 182
　第3節　ピクチャーカードを使ったＱ＆Ａ ……………… 186
　第4節　スピーチ ……………………………………………… 190
　第5節　スキット ……………………………………………… 193
　第6節　紙芝居 ………………………………………………… 196
　第7節　場面を与えて言語形式を自分で選択する
　　　　　スピーキング活動 ………………………………… 198
　第8節　即興スピーキング …………………………………… 200
　第9節　Picture Describing ……………………………… 202
　　　　　1．6-Way Street での Picture Describing …… 202
　　　　　2．現在の Picture Describing ……………………… 207
　　　　　3．『英語でしゃべらナイト』で紹介された
　　　　　　 Picture Describing ……………………………… 207
　第10節　スピーキング活動に関する生徒の感想 ………… 210

参考文献 …………………………………………………………… 213

　　　　　　　　　　　　＊本書中の引用文，感想，配布物などは
　　　　　　　　　　　　　基本的に原文のまま掲載しています。

英語授業の「幹」をつくる本　下巻

下巻まえがきに代えて　序章「衝撃の授業」

第1章　授業におけるしつけと生徒指導，ペア学習
  第1節　授業におけるしつけと生徒指導
  第2節　ペア学習
  第3節　生徒との信頼関係とは？

第2章　文法指導
  第1節　演繹的か帰納的か
  第2節　文法くさくない「文法指導」
  第3節　「忘れた語彙は新出語」「定着していない文法事項は新出文型」
  第4節　英語の歌詞の穴埋めはリスニングではない！？
  第5節　辞書を使って文法指導を
  第6節　文法指導のためのプリント例
  第7節　文法指導の勘所

第3章　リーディング指導
  第1節　アルファベットの認識
  第2節　単語の認識
  第3節　フレーズの認識
  第4節　文の認識
  第5節　パラグラフの認識
  第6節　北原メソッドの内容理解チェック方法
  第7節　教科書本文内容理解までの授業の流れ
  第8節　速読指導
  第9節　多読指導
  第10節　リーディング活動に関する生徒の感想

第4章　ライティング指導
　　　第1節　ライティングまでの手順
　　　第2節　ライティングの成績
　　　第3節　ライティングノート
　　　第4節　ディクテーション
　　　第5節　段階をふんだライティング
　　　第6節　ライティング活動に関する生徒の感想

第5章　英語の歌
　　　第1節　やっぱり英語の歌！
　　　第2節　歌の指導の実際
　　　第3節　授業で使った歌
　　　第4節　英語の歌との出会い
　　　第5節　生徒の好きな歌ランキング
　　　第6節　生徒の感想

第6章　評価
　　　第1節　定期テスト
　　　第2節　定期テストの分析
　　　第3節　学期末の評価
　　　第4節　「おもちゃ箱と机の引き出し」理論
　　　第5節　生徒の感想

第7章　少人数習熟度別授業
　　　第1節　少人数授業
　　　第2節　習熟度別授業
　　　第3節　生徒へのアンケート

第8章　教師の研修
　　　　第1節　授業改善の視点
　　　　第2節　東京教師道場
　　　　第3節　英語基本指導技術研究会（略称　北研）
　　　　第4節　東京都中英研研究部夏の「語い指導ワークショップ」
　　　　第5節　その他の研修会

第9章　英語教室を作ろう

巻末付録　年間評価／指導計画

あとがきに代えて
参考文献

第1章 「北原メソッド」の効果

　学力低下問題が国中を賑わしている。その対策としてさまざまな動きがある。「土曜補習」「夏休みの短縮」「夏休みの学習教室」「52分授業」「2学期制」などは授業時数確保のための苦肉の策である。それに2007年度（平成19年度）から始まった「一斉学力テスト」の実施とその成績の公表が拍車をかける。また「授業力アップ研修」のような研修も増えた。「東京教師道場」のようにすぐれた授業ができる教師を育成するプログラムもあちこちで生まれている。少人数授業や習熟度別授業も学力向上の流れの中から生まれてきたものである。

　しかし、これまでそれらの「対策」に対する十分な考察がなされてきただろうか。「授業時数を増やせば学力はあがるだろう」という単純な発想だけで十分な検証が行われていないとすれば問題である。

　本書では、特別なことをせず日々の学校で営まれる教育活動で、高い教育効果をもたらした「北原メソッド」の実践例を紹介する。本章では概説を示し、その後上下巻にわたり各項目を詳説する。

第1節　「学力をつけるにはこれが欠かせない！」

1．英語は中学が基礎

　わが子が大学受験を終えたときに考えたことがある。わが家では勉強については特に何もしない、を教育方針にしてきた。子どもたちは公立中学に進み、毎日部活で汗を流し、受験期までは塾にも通わなかった。高校も公立高校に進み、塾や予備校にも通わず、家庭でも特別な勉強をすることはなかった。そして大学受験期に入った。そのときに気がついたのは、英語の力が期待したほどついていないという事実である。さかのぼって考えてみると、彼らは中学・高校時代に英語の勉強の仕方を教わってはいないのではないか。学校の授業の予習・復習はやるが、自分の学習法を持っていないように思えた。特に中学時代の遅れが後々まで尾を引いているように思える。

　小学校英語活動が導入され始めたが、英語を体系的に身につけていくのは中学時代だろう。小学校では発音、語彙、決まった表現などを何も考えず頭の中に放り込んでいくのに対し、中学ではある程度まとまった発音、語彙、文法などの知識をフォルダーを作って整理することを覚える。高校受験では多くのフ

ォルダーから必要なフォルダーを探し出して、求める情報を瞬時に取り出し、解答用紙を埋めていく。受験勉強が重要なのはそのフォルダー作りと整理の時間を確保しなければならないからだ。高校ではそれらのフォルダーに習ったことをどんどん入れていく。そして大学以降では、フォルダーをさらに充実させたり新たなフォルダーを作ったりフォルダーどうしのリンクを張る。こうして英語力は伸びていくものだと思う。

2006年（平成18年）秋に、高校1年生の教え子が私に書いて送ってくれた次の文章を読んでいただきたい。中学時代がいかに大事かご理解いただけると思う。

> この前あった2学期中間テストではR（リーダー）の平均点55点で自分は85点、G（文法）の平均点53点で自分は83点でした‼ 共に平均＋30点でした。今回の学年順位は4位でした。自分でもびっくりしました。中学の積み重ねが大事だということがわかりました。私の学年（中学3年のとき）は「英語がスゴイ！」と言われてましたが、後輩は私たちのレベルを追い越す位の勢いで英語に取り組んでほしいものです。
> 私が一番感謝したいのは北原先生だと思います。英語は1年の3学期から3年の終わりまでずっと北原先生でした。実は1年の最初は英語が嫌いでやる気もなかったです。でも「北先（きたせん）コース」にしたら英語が面白くなり今では大好きです。

この生徒は中学1年のときには、本人も書いているように英語に苦手意識を持っていた。ところが2年生になって「ライティングノート」でどんどん英文を書き始めてから、英語がわかるようになり自信を持った。その結果、中2の第2回検定で英検3級を取得し、中3の第1回検定で準2級を取得した。この生徒の頭の中では多くのフォルダーが作られ、それまでバラバラに頭に入っていた知識がそれらのフォルダーに整理されていったのだろうと思う。いったんフォルダーの整理の仕方を覚えたら、後はどんどん量をこなすことによってフォルダーの中身はどんどん充実したのに違いない。

2．適切な時期に適切な教材を適切な方法で

後に詳述するが、北原メソッドの授業が成功している秘訣は「適切な時期に」「適切な教材を使って」「適切な方法で」という3つの「適切」を守ってい

ることである。これは家庭学習にもあてはまるのではないだろうか。

① 適切な時期	・生徒の発達段階を考慮
	・季節や年中行事，学校行事に対応した教材選定
	・先を見越した語彙の提示
	・重要事項ほど繰り返して提示
② 適切な教材	・生徒の精神年齢に合った教材
	・生徒が面白いと思う教材
	・チャレンジングな教材
	・生徒がレベルに合わせて挑戦できる問題（易―難―超難）
	・authentic な教材
	・バラエティある教材
	・教科書以外で4技能をそれぞれ伸ばす教材
	・4技能を統合して伸ばす教材
	・市販の教材と自作の教材
	・教師のネットワークで手に入れた教材（アンテナを高く広く張る）
	・教科書を面白くする使い方
③ 適切な方法	・学年ごとの重点指導項目（1年：音読，2年：話せることが書ける，3年：自分の気持ち・意見が書ける）
	・同僚とのコラボレーション
	・教師の人間的な魅力や個性を生かした授業（教師選択制）
	・先輩の作品を見せる（イメージをつかませる）
	・AV機器の使用
	・忘れにくい指導，覚えやすい指導
	・少人数授業
	・ペア学習
	・コンサルテーション
	・評価
	・パフォーマンス活動をゴールに

第2節　ふつうの公立中学校を日本一にした指導

1．英検準2級受験率・取得率全国公立中学校でトップ！

　2007年（平成19年）3月のある日，財団法人日本英語検定協会から当時の勤務校（東京都狛江市立第一中学校）に電話がかかってきた。3月下旬にある表彰式に列席してほしいという依頼だった。理由は，とたずねてみると，学校の英検準2級の在籍数に対する受験率と取得率（合格率）が全国の公立中学校の中では群を抜いているということだった。前年度では3年生在籍の30％の生徒が受験し，在籍の16％の生徒が合格した。当時の準2級の全国合格率は35％だから，この年度の対在籍50％を超える合格率は驚異的と言える。

　また，どのレベルの生徒でも高校に行くと学年の上位にいることが追跡調査で明らかになっている。特に発音と語彙の豊富さでは他中学の卒業生とは段違いだそうだ。その秘訣は3人の英語教員による少人数授業，AV機器が完備された教室などいくつかあるが，生徒の自学力が育っていることが一番大きいだろう。北原メソッドの授業では教科書の徹底的な音読，豊富で丁寧な語彙指導，パフォーマンステストが特徴的だが，それらに取り組む生徒の努力が光っていた。

　全国には生徒が選抜されて入学してくる学校や英語の週当たり指導時数が多い学校がある。しかし，この学校は普通の公立中学校である。それらの学校に比べて次のようなハンデがある。
・学区の小学校の卒業生のうち，2～3割が私立中学校に抜ける。
・英語の週当たりの指導時数は3時間である。英語の選択授業も2, 3年生で週当たり1時間しかない。
・普通の授業でも選択授業でも英検の問題演習などの対策はやっていない。補習や長期休業中の学習教室でも同様である。

　要するに授業の各活動そのものが英検に直接生きていることになる。

2．英語が苦手だった生徒ほど高校でトップクラス！

　前項では上位の生徒たちについて述べた。では下位の生徒たちはどうであろうか。生徒の生の声を紹介して考察する。

　2006年度の2学期に卒業生である高校1年生への追跡調査を行った。そのうちの一つの質問項目に「高校でがんばっていること，先生にほめられたことがあったら書いてください」という項目がある。

　回答のうち次のA～Mの生徒たちの回答をまとめてみた。彼らには中学時

代の共通点があるが，おわかりになるだろうか。

「高校でがんばっていること，先生にほめられたこと」

(2006年11月の追跡調査より)

A 高校に入ってやっぱり英語は苦手だけど発音テストだけは毎回先生にほめられます。

B 最初の授業から英語で言葉のキャッチボールが出来ていたので先生にほめられました。リスニングをがんばっています。中学校の英語の授業の方が楽しかったです。今の英語の授業は教科書通りとか，かたくるしい感じです。中学の時は皆と英語で会話しながらで楽しかったです。ビデオさつえいもあったですし。

C 毎回のテストはいつも90点くらいで，いつもクラスで英語はトップに立っていて，前は英語が好きだったけど，今は大好きです。おかげで英検3級や準2級も合格してとても自信をつけました。高校の英語は難しいと言えば難しい。しかし簡単にできるコツなどがあります。それは中学校の北原先生の授業で新しい単語・熟語・文法など出てきたらその場で覚える。帰ってやればいいやと思う人もいるけれど，その場でやった方が覚えやすいし，万一わからなかった問題があれば直接先生に聞けます。長文でもその場で何回も読み直し，内容を理解する。そうしたらもうテストなんか簡単に解けます。

D こんな学校だし授業たるたるだけど，英語は楽しいし相当がんばっちゃってる。英語ⅠとOCはテスト点いいよ。英語できる子だと思われてる。他の教科びみょうだけど英ⅠとOCのおかげでクラス内順位5位だも〜ん。めちゃがんばってるよ。楽しいから。

E 最初のテストで3位だった（クラス順位）。成績は4。英語だけはできてるって言われた。

F OCの先生にthとfの発音がうまいってほめられた。OCのコミュニケーションテストで毎時間クラスで上位の成績をとっている。北原先生の授業で手を動かしながら単語とか基礎をやったから今でも覚えている。

G 英語のクラスが一番上になった。前期中間が87点，期末が71点でした。英語の成績が中学を卒業する時の成績より上がった（現在4）。中学校では単語を覚えるのが大変嫌いだったけど覚えられるようになった。教科書の本文が覚えられるようになって書けるようになってきた。英語で会話がで

きるようになってきた（ペアワークのおかげ？）。新しい単語で文が作れるようになってきた。
H　英語は苦手だけど発音はいいと言われた。
I　クラス順位10位以内には入っている。
J　高校に入って初めてのテストで70点台をとることができた。
K　定期テストでクラス順位が41人中3位でした。OCIの小テストで満点を取りました。発音がいいと先生にほめられました。
L　僕は中学校ではあまり英語が得意じゃなかったけど，高校ではテストの成績はクラスの中でも上位で5段階評価でも5を取ることができるようになりました。中学でしっかり勉強したペアワーク，リスニング，発音練習，ライティング・ノートなどどれも難しかったけどそれをしっかり勉強したおかげで高校で良い点を取れたと思います。中学でかなり苦労したけどそれを乗り越えて英語力がついて頑張ったかいがありました。高校では先生に発音がうまいとほめられます。中学でいっぱい練習したかいがありました。中学の勉強の仕方で本当によかったです。これからも高得点を取れるように努力したいです。
M　1学期の中間テストで英語は2位（クラス）だった。英語の授業であてられたとき，発音が良いとほめられた。1学期の期末テストで学年7位だった。

注）2003年にNHK教育テレビ『わくわく授業～わたしの教え方』で取り上げられた当時の1年生が高校1年生2学期の時点の調査

　以上の生徒たちは中学3年の評定が2以下の生徒たちなのである。どの生徒も英語で苦しんだ。定期テストでは10点，20点台で終わった生徒も多い。また，彼らは英検とは無縁の存在だった。しかし，高校に行ってからどの生徒も立派な成績をあげている。それは何が原因なのだろうか。

第3節　3つのテスト

　指導の効果測定には複数の物差し（評価方法）が欠かせない。データを取ることの重要性を否定する人はいないだろうが，これまで英語教育界ではあまり客観的数値に基づいた授業改善は行われてこなかったのではないだろうか。私

は信頼できる客観的データを供給してくれるものとして、次の3つを使用している。

① 英検（実用英語技能検定）

　公立中学校は経済的負担のかかる外部テストを全員に受験させるわけにはいかない。希望者だけの受験となるが、英語学習の進度の目安として生徒に受験を奨励している。

　授業目標にも英検の数値は使われる。例えばリスニング技能では英検1次試験のリスニング正答率が80％を目標にしているし、スピーキング技能では英検2次試験合格率100％を目指している。その他、特に3級と準2級では語彙力の充実が欠かせないため、語彙指導を手厚く行っている。

　しかし私は授業中（選択授業も含む）に英検の問題演習を行うことは絶対ないし、放課後や休日に英検のための補習をすることもない。さらには2次試験がどうやって行われるのかという説明すらしていない。要するに生徒は授業でやったことだけを頼りに受験するわけである。

② 都中英研コミュニケーションテスト

　東京都中学校英語教育研究会（都中英研）調査部作成によるテストを毎年2，3年生に受けさせている（1年生用はない）。このテストは30年近い歴史のあるテストで、現場の教師が集まって質の高い問題を出題している。ここ数年は根岸雅史教授（東京外国語大学）をアドバイザーに、項目応答理論などの統計学を駆使して作成されている。実施時期は毎年10月で費用は生徒一人280円という安価である。

　データ分析は生徒個々人への個票と教師への全体分析という形で届けられる。テスト内容は3技能（リスニング、リーディング、ライティング）と2領域（語彙力、文法力）から成っている。

　私はこのテスト結果をふだんの定期テストなどとの比較に使用している。また5つの分野の数値が出るので、それぞれの生徒の苦手な分野を把握して個人指導に生かせるほか、全体の傾向を知る上でも大変重宝している。このテストについては東京都以外の学校でも実施が可能なので、興味がある方は都中英研ホームページ（http://chueiken-tokyo.org/）で資料を請求してほしい。

③ 東京都「児童・生徒の学力向上を図るための調査」

　東京都教育委員会が行っている達成度調査の一種である。結果は学校にフィードバックされ、自分の学校と所属区市町村平均点や都平均点との比較を行う

ことができる。(現在は毎年1月に中学1年生を対象に行っているが、次節のデータは2月に中学2年生を対象にしていたもの)

第4節 『わくわく授業』出演学年の成績データ

　2003年度、狛江第一中学校の少人数授業2年目に入学し、NHK教育テレビ『わくわく授業～わたしの教え方』で取り上げられた生徒たちの成果とその後を示す。

1．中学2年終了時の成績（2005年3月31日時点）
①英検（第1～3回検定）

4級取得者…在籍の50%（57名）
3級以上取得者…在籍の25%（29名）
（3級取得者26名，準2級取得者2名，2級取得者1名）

　＊どの級でも在籍に対する取得者数割合では私の教員人生で史上最高値であった（当時）。

②都中英研コミュニケーションテスト（2004年10月実施）

学校平均正答率	
リスニング	90%
語彙力	90%
文法力	80%

　＊これからの学習の基礎となる3分野では非常に高い通過率であった。一方リーディング力，ライティング力は比較的低く，今後この2つの技能を高めるような授業を計画した。

③東京都「児童・生徒の学力向上を図るための調査」（2005年2月実施）

学校平均正答率	
聞くこと…79.6%（68.0%）	（　）内は都平均
読むこと…87.8%（82.1%）	
書くこと…76.6%（64.5%）	
平均点…81.9点（72.4点）	

　＊②の結果より，ライティング力の向上を授業で図った結果が出た。
　この調査の全教科の校内平均点（都平均点）は次の通りである。

国語	83.9 (79.5)
数学	69.5 (65.3)
英語	**81.9 (72.4)**
社会	70.2 (70.6)
理科	70.2 (67.0)
合計	375.7 (354.6)

＊この合計点は都内23区26市（町村除く）の中で4位のS区と同じである。英語の点数がダントツで10点近く都平均点を上回っていることから，英語の学力は都でもかなり上位だと推測できる。

2．中学3年の成績

① 英検（第1～2回検定）（2005年11月24日時点）

> 3級取得者…在籍の53%
> 準2級以上取得者…在籍の16%（受験者は在籍の30%）

＊この年度も英検取得者数の割合は史上最高値（当時）だった。特筆すべきは準2級である。在籍の16%の生徒が合格するとは驚きだった。さらに驚くのは学年の30%の生徒が受験した事実である。2次試験で僅差で不合格となった生徒や1次試験で合格点まであと1，2点で不合格となった生徒も何人もいた。それほど英語が得意でない生徒まで「3級に受かったから次は準2級に挑戦してみたい！」という学習意欲にあふれていたことがわかる。

② 都中英研コミュニケーションテスト（2005年10月実施）

学校平均正答率	
リスニング	74% (68%)
語彙力	80% (70%)
文法力	77% (71%)
リーディング	**84% (74%)**
ライティング	**68% (47%)**
平均点	76点 (66点　都偏差値55)

（　　）内は都平均

＊1年前から指導に力を入れたリーディングとライティングの結果が出た。特にライティングは都平均より21ポイントも上だった。

③ 都立高校入試得点

東京都では昔から，都立高校の入試得点が出身中学に年度内に通知される仕組みになっている。生徒の「出口」の学力を知り，3年間の総括をする資料と

して大変よい。（全国的には東京都のような自治体はあまりないと聞く。中学校教師として3年間最後の学力を知り，次年度の計画をたてる参考にするために各自治体に要請すべきであろう）

a) 2006年度都立高校入試得点

●都平均点

| 国語 55.7 | 数学 52.6 | 英語 59.9 | 社会 72.6 | 理科 60.5 |

（英語は第3位）

●学校英語平均点　65.2　（都平均より5点上。自校作成問題の進学校は含まず）

・受験者65名（自校作成問題の進学校受験者は5名）
・平均点より高い得点を取った生徒数43名（66%）

b) 5教科中で英語の成績が何番目だったか

1番目	26名（40%）	
2番目	16名（26%）	累積% 66%
3番目	13名（16%）	累積% 82%
4番目	7名（ 6%）	
5番目	8名（12%）	

＊英語の都平均点が5教科中3番目であることから，b) のうち3番目までを合計すると82%になる。受験生の8割である。要するに多くの生徒が英語で点を取って合格しているということである。

現任校の成績データ

以下が現任の港区立赤坂中学校の2009年度最新データである。生徒数の母数は少ないが，参考にご覧いただきたい。

●2年生

・都中英研コミュニケーションテスト（11月実施）
　平均点　74.4点　（都平均点　61.7点）（+ 12.7点）

・英検級と取得者数・在籍比取得率　（2009年12月末日現在）
　（　）内は前任校『わくわく授業』出演学年が2年生時の数値（第1回～3回検定）

準2級	3名	9% （ 2%）
3級	9名	28% （23%）
4級	18名	56% （50%）

第3回検定結果は含まれていないにもかかわらず，『わくわく授業』学年をすでに超えている。

・港区標準学力調査（4月実施）
　平均正答率　　　　81.5%　（前年度全国平均正答率　73.3%）（+ 8.2ポイント）

第1章●「北原メソッド」の効果

●3年生
・都中英研コミュニケーションテスト（11月実施）
　平均点　73.5点　（都平均点　64.0点）　（＋9.5点）
・英検級と取得者数・在籍比取得率　（2009年12月末日現在）
　（　）内は前任校『わくわく授業』出演学年が3年生時の数値

2級	1名	3%	（1%）
準2級	7名	18%	（16%）
3級	18名	47%	（53%）

英検協会から「公立中学校日本一」と表彰された前任校の成績を上回った。

3．卒業生への追跡調査「英語の授業に関するアンケート」

　上記の成績を残した生徒たちが2006年3月に卒業した。中学時代の少人数授業は効果的だったのか、高校に入って中学時代の授業はどれだけ生きているのかを知るために同年11月に追跡調査を実施した（有効回答数54名）。次はその集計結果と分析である。

1　あなたの**中学卒業時**の英語に対する気持ちは次のどれでしたか。

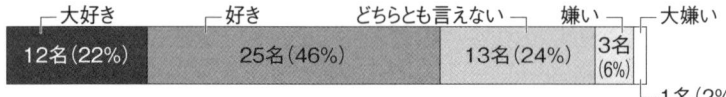

　＊「大好き」「好き」の合計は68%であり高いと言える。

2　あなたの**中学卒業時**の英語に対する自信は次のどれでしたか。

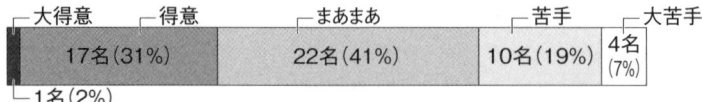

　＊「大得意」「得意」の合計は33%で「まあまあ」と控えめな回答が41%で一番多い。

3　中学校時代の少人数授業はどうでしたか。

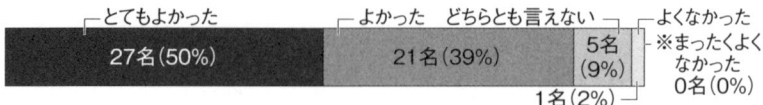

　＊「とてもよかった」「よかった」の合計は89%だった。ほぼ9割の生徒に支持されているので、少人数授業は成功だったと言える。

4　中学校時代の英語の少人数は，どのコースにも英語の得意な人と苦手な人がいました。ペア学習はどうでしたか。

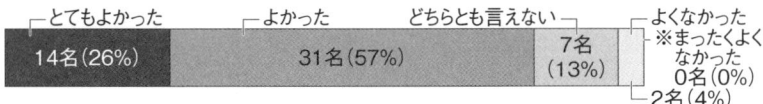

＊「とてもよかった」「よかった」の合計は83％で，やはり生徒の支持率は高い。

5　**今現在の**英語に対するあなたの気持ちは次のどれですか。

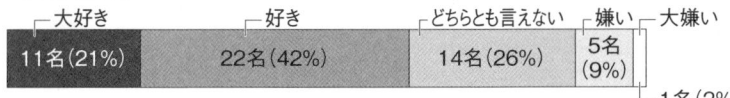

＊「大好き」「好き」の合計は63％であった。中学時代の数値が68％であることから，高校入学後も英語嫌いになっていないと言える。その根拠は自分の英語力に対する自信であろうか。

6　高校に入ってから取得した英検などの級を教えてください。

準2級	5名
3級	2名

＊入学して以来行われた英検は第1回のみであり，高校生活に慣れる時期なので受験率は低い。調査時では第2回検定の「2次試験待ち（2級）」が1名いた。

7　高校に入って自分の英語の力は学年の中でどのくらいだと思いますか。

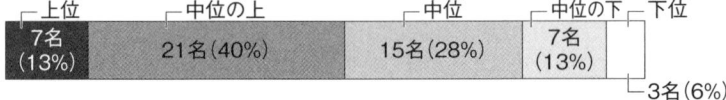

＊「上位」「中位の上」の合計は53％である。謙遜している生徒が多いと思われるが，それでもこの数値は高い。

8　高校へ入学してから英語でがんばっていることがあったら書いてください。（定期テストの成績，学年順位，クラス順位，英検などの資格試験，先生にほめられたこと等）

＊この項目に対する回答については「第2節の2」を参照されたい。

4．英検準2級取得者へのアンケート

　卒業直前に，準2級を取得した生徒を対象にアンケートを実施した。目的はどのような学習をしていつ何度目で合格したのかを調べるためである。(2006年3月1日実施。有効回答数15)

1　あなたが準2級を取得した年度と実施回はいつでしたか。

ア	平成16年度第1回（2年生の7月）	―
イ	平成16年度第2回（11月）	―
ウ	平成16年度第3回（3月）	―
エ	平成17年度第1回（3年生の7月）	4名
オ	平成17年度第2回（11月）	10名
カ	平成17年度第3回（3月）	―
キ	その他	1人（平成15年度第2回）

＊中2で4級を取得して，3年になってから準2級に挑戦するのが一般的である。第1回検定の申し込み締め切りが連休直後のため，まだ準備に取りかかれていない生徒が多いので受験者はそれほど多くない。第2回検定は10月なので夏休みを使って準備できる。

2　何度目の受験で合格しましたか。

ア	1度目	10名
イ	2度目	4名
ウ	3度目	―

＊1回目で合格した生徒が多い。

3　英検3級にはいつ合格しましたか。

ア	平成15年度第1回（1年生の7月）	―
イ	平成15年度第2回（11月）	―
ウ	平成15年度第3回（3月）	―
エ	平成16年度第1回（2年生の7月）	―
オ	平成16年度第2回（11月）	8名
カ	平成16年度第3回（3月）	4名
キ	平成17年度第1回（3年生の7月）	2名
ク	平成17年度第2回（11月）	―
ケ	その他（平成14年度第2回　小6の11月）	1名

＊2年生の第2回，第3回で合格する傾向である。

4　なぜ準2級を受験しようと思いましたか。(いくつでも選んでください)

ア	3級に合格したから	8名
イ	進路に有利になるから	8名
ウ	自分の実力を知りたかったから	11名
エ	学校の先生にすすめられたから	3名
オ	塾の先生にすすめられたから	2名
カ	その他	2名(留学のための勉強)

＊東京都の私立高校では，英検3級取得者には＋1点，準2級取得者には＋2点を加点する学校が多いので「進路に有利になるから」という生徒も多い。純粋に自分の力を知りたいという生徒が一番多かったことは驚きだった。

5　どんな勉強をしましたか。(いくつでも選んでください)

ア	学校の授業を積極的に受ける	10名
イ	問題集をやる	11名
ウ	塾で勉強する	4名
エ	テレビ・ラジオの語学番組を視聴する	2名
オ	英語の歌，洋画，英語の本を読む	3名

＊もちろん過去問や問題集をやる生徒が多いが，「学校の授業を積極的に受ける」が一番多かったのは嬉しい。

6　合格するのに学校の授業で**特に**役に立った活動はなんですか。(いくつでも選んでください)

ア	ペアワーク	3名
イ	ピクチャーカードを使ったQ＆A	11名
ウ	ピクチャーカードを使ったPicture Describing	8名
エ	マシンガンQ＆A(疑問文と答えのトレーニング)	4名
オ	ボキャブラリー・ビルディング(同じカテゴリーの語を書く)	―
カ	フラッシュカードを使った日頃の語彙指導	3名
キ	ビンゴ	1名
ク	英語の歌	3名
ケ	リスニング・トレーニング(学校図書)	9名
コ	ライティングノートなどの書く活動	8名
サ	ENGLISH EXPRESS(既習語彙，既習文法の復習プリント)	5名

＊2次試験の英問英答で役立ったということだと思うが，ピクチャーカードを使ったQ＆AとPicture Describingが一番人気であった。1次試験で役立ったと思われるリスニング活動と語彙拡充のプリント(ENGLISH EXPRESS)も支持が高い。注目すべきは「ライティングノートなどの書く活動」である。英検には英作文はないので直接効果があったわけではないが，書く活動を通して英語の構造が確かなも

のになっていったと思われる。

7 平均的な英語の家庭学習時間を教えてください。(塾は除く。英語の歌を聞いたり，洋画を見たり，英語の本を読むのは含みます)

ア 30分以下	10名
イ 30分～1時間	1名
ウ 1時間～1時間30分	2名
エ 1時間30分～2時間	2名
オ 2時間以上	―

＊まったく予想外だったが一番多かったのは「30分以下」だった。塾では英検対策ばかりやるはずもないので，学校の授業を中心にしてあとは家で問題集に取り組むという姿勢が見える。

8 英検2級はいつ頃受験するつもりですか。

ア 高校1年のうちに	9名
イ 高校2年のうちに	4名
ウ 高校3年のうちに	―
エ 大学生になってから	―
オ 受験するつもりはない	2名

＊中学のうちに準2級に合格したら，高校に入ってすぐに2級にチャレンジしたいと考える生徒が多い。

9 生涯の中で何級まで取得したいと思いますか。

ア 2級	5名
イ 準1級	3名
ウ 1級	5名
エ 受験するつもりはない	2名

第5節　授業システム

　以下が，前任の狛江第一中学校の少人数授業システムである（2007年度）。現任校（赤坂中学校）では同僚と私の2人で各学年を半分ずつ担当している。③（全学年）④⑤⑥は前任校と同じシステムである。

なお,「少人数習熟度別授業」については, 下巻第7章に詳説している。

	基礎 Aコース	基礎 Bコース	発展 Cコース	基礎 Dコース	発展 Eコース	Fコース
1年	北原	B教諭	A教諭	北原	A教諭	
2年	A教諭	B教諭	北原	A教諭	B教諭	北原
3年	A教諭	北原	B教諭	北原	B教諭	

①1, 3年生は2クラス3分割, 残りの1クラスは2分割。2年生は2クラス3分割。
②3年生は一応習熟度別だが「なんちゃって基礎／発展コース」の生徒もいる。
③1, 2年生は生徒が好きな先生を選ぶシステム。
④1年生は「おためしコース」として, 新学期の初めは2週間ずつ3人の教師の授業を受ける（後の選択のため）。
⑤使用教材, テストは全コース共通。
⑥3人の教師はそれぞれ教室を持っていて, 生徒が移動してくるアメリカ方式。

第6節　教育環境

私の現任校の授業の環境は以下である。
①各英語科教師がそれぞれ英語教室を持つ
②設置AV機器
　ビデオデッキ, LDプレーヤー, カセットプレーヤー, CDプレーヤー, DVDプレーヤー, モニターTV2台, アンプ（カラオケ機能付き）, スピーカーシステム, リズムボックス（Zoom社 Rhythm Trak RT-123。現在製造終了）, ピンポンブー・マシーン（Panasonic社 Bongo Bongo。現在製造終了）, 鳴り物（ホイッスル, パフパフ・ラッパ, マラカス）, キッチンタイマー, パソコン（インターネット接続）, 書画カメラ
③レファレンスブック（生徒が自ら進んで使う）
　●つづり確認用図書
　Oxford Photo Dictionary (OUP), The Topic Dictionary (Nelson), Word by Word (Prentice Hall Regents)
　●辞典
　Elementary Dictionary (Longman), 初級英和辞典（ロングマン―光村図書）, 高校生用英和辞典, 和英辞典

●英語の仕組み，世界の国など
　E-Pilot（秀学社），ワールドアトラス（集英社），新英語要覧（大修館書店）
④世界地図（社会科廃棄掛け図）
⑤先輩の作品
　自己紹介30〜70文（卒業制作），さまざまな感想文（E.T., Anne Frankなど），ライティングノート，ディクテーションノート
⑥教科書準拠関係
　ピクチャーカード（全学年），フラッシュカード（全学年），指導用CD（全学年）
⑦ソフト
　英語の歌のCD・LD，映画のビデオ・DVD・LD，『決定版！授業で使える英語の歌20』（開隆堂出版），『決定版！続・授業で使える英語の歌20』（開隆堂出版）

第7節　授業内容

1．授業構成

　下の表は授業コンポーネンツを学年ごとに示したものである。「英検」については授業内や補習で特別な対策は一切していないが，ふだんの授業の各活動が英検で問われる内容に対応している。

―――――― は英検3級1次試験対応
〜〜〜〜〜〜 は英検3級2次試験対応
≋≋≋≋≋≋ は英検準2級1次試験対応
―・―・―・― は英検準2級2次試験対応

●1年生

<u>ビンゴ</u>（『Let's Enjoy "BINGO"』浜島書店）

<u>英語の歌</u>

宿題の答え合わせ（『英語のパートナー』正進社）

必ず1年生1学期の文法事項に戻る新出文型の提示

ペアワークを使った文型練習

<u>ピクチャーカードを使ったＱ＆Ａ</u>（クラス一斉）

<u>ピクチャーカードを使ったオーラルイントロダクション</u>

<u>フラッシュカードを使った新出語彙提示・練習</u>

ジェスチャーを使った教科書の内容理解

ジェスチャーをつけて教科書の音読

<u>リスニング・トレーニング</u>（『中学生のためのLISTENING TRAINING POWERED』学校図書）

Teacher Talk

<u>辞書指導</u>

●2年生

<u>クイックＱ＆Ａ</u>

Last Sentence Dictation

<u>Vocabulary Building</u>

ビンゴ（『Let's Enjoy "BINGO"』浜島書店）

<u>英語の歌</u>

宿題の答え合わせ（『英語のパートナー』正進社）

必ず1年生1学期の文法事項に戻る新出文型の提示
ペアワークを使った文型練習
ピクチャーカードを使ったQ＆A（個人）
ピクチャーカードを使ったオーラルイントロダクション
フラッシュカードを使った新出語彙提示・練習
ジェスチャーや指さしを使った教科書の内容理解
教科書の音読
リスニング・トレーニング（『中学生のためのLISTENING TRAINING POWERED』学校図書）
Teacher Talk
ENGLISH EXPRESS（既習文法と既習語の復習プリント）
ライティングノート（自学）
辞書指導

●3年生
ピクチャーカードを使ったPicture Describing
英語の歌
宿題の答え合わせ（『英語のパートナー』正進社）
必ず1年生1学期の文法事項に戻る新出文型の提示
ペアワークを使った文型練習
ピクチャーカードを使ったオーラルイントロダクション
フラッシュカードを使った新出語彙提示・練習
指さしを使った教科書の内容理解
リスニング・トレーニング（『中学生のためのLISTENING TRAINING POWERED』学校図書）
Teacher Talk
ENGLISH EXPRESS（既習文法と既習語の復習プリント）
ライティングノート（自学）
辞書指導
英字新聞などのリーディング（『Catch a Wave』『じゃれマガ』浜島書店）

2．典型的授業パターン

　授業構成は2パターンがある。Pattern Aは新出文型の導入と練習中心，Pattern Bが新出語彙と教科書の内容理解・音読中心である。以下に2年生の

典型的な流れと各学年の指導案をいくつか示す。

⟨Pattern A⟩
新出文型の導入と練習中心

⟨Pattern B⟩
新出語彙と教科書の内容理解・音読中心

1 Routine work such as:
   Song
   Bingo
   Dictation
   Vocabulary building
2 Review
   Check of workbook
   New words learned last time
   Check of reading aloud
3 Introduction of new grammar item(s)
4 Mechanical / Meaningful drills such as:
   Pairwork
   Textbook exercises

1 Routine work such as:
   Song
   Bingo
   Dictation
   Vocabulary building
2 Qs & As using picture cards
   Picture Describing
3 Introduction of new words
4 Oral introduction of the content
5 Reading aloud (role playing, paced reading, shadowing, individual reading)

Pattern A の実例①

授業参観　簡易指導案		平成 19 年 5 月 12 日
学級：	狛江第一中学校 1 年 5 組（単級）「3 教師おためしシステム」のため，先週から北原が担当。お行儀が良い。「何のためにこの活動をしているか」を説明するとリアクションが例年より大きい。	
教室：	第 3 視聴覚室（第 2 校舎 3 階）	
ねらい：	①アルファベットの表す音と基礎的なフォニックスから単語を発音してみる（復習）。②Teacher Talk や Classroom English が聴いて理解できる（復習）。③I am ～. / You are ～. をジェスチャーつきで言える（復習）。	

　　　　　④教科書本文の音読がすらすらできる（復習）。
　　　　　⑤教科書を閉じて教師のジェスチャーにあわせて本文を再生できる。
　　　　　⑥ Are you ～? と Yes, I am. / No, I'm not. が使えるようになる。
評価：　①アルファベットの表す音が身についたか。
　　　　　②つづりが発音通りの単語が読めるか。
　　　　　③大文字と小文字が対応できるか。
　　　　　④アルファベット順が身についたか。
　　　　　⑤辞書が引けるようになったか。
　　　　　⑥英語らしい発音で音読できるか。（本時）
　　　　　⑦自分の名前などを言ったり，相手のことを尋ねたりできるか。（本時）
流れ：
1　あいさつ
　　f, v, th の発音チェック
2　アルファベット・ビンゴ　No. 13-14
3　アルファベットの表す音（リズムボックス使用）
4　大文字小文字つなぎゲーム
5　アルファベット迷路
6　辞書引き競争（動詞）
7　単語の復習（Let's Start 3）
8　Teacher Talk と Classroom English の復習（Let's Start 5）
9　Lesson 1-1 音読の復習
10　Are you ～? の導入
11　Are you ～?　Yes, I am. / No, I'm not. の練習（サザエさんゲーム）

Pattern A の実例②（ALT 用）

　　　　Lesson Plan for 1st year students, Thu., June 5, 2008
1. Song "Hello, Good-bye"
　　Students sing with gestures.
2. Review of various verbs
　　(1) Recognizing Training
　　　　Teachers distribute picture sheets.
　　　　Students touch the right pictures as soon as they hear NT (Native

Teacher) saying
- a. only words (such as: wash, play, read, eat … etc.)
- b. phrases (such as: <u>wash</u> your face, <u>play</u> baseball, <u>read</u> a book, <u>eat</u> breakfast … etc.)
- c. sentences (such as: You didn't <u>wash your face</u> yet … etc.)

(2) Pronunciation Drills

Students pronounce the words/phrases with the rhythm of the machine.

JTE shows them word cards.

NT pronounces the words/phrases with students.

3. Check of Homework
   (1) Review of New Words Ss learned in the previous lesson
   (2) Check of Workbook
   (3) Chorus Reading after NT
   (4) Check of Reading Aloud at home
4. Grammar Work: Introduction of the interrogative form and answer forms of "You have … ."

   JTE writes several sentences with blanks in them on the board.
   Students fill them in.
   JTE introduces the new grammar point to the students:
   "Do you have …?" "Yes, I do. / No, I don't."
5. Practice (pairwork)

   Teachers distribute the worksheet "Super Pairwork #9".
   Students repeat after NT for comprehension and for pronunciation.
   Students stand up to ask as many questions as they can in a certain time.
   They can also ask Qs to JTE, NT and the guests.
   After the pairwork, JTE asks some questions to students to make sure that the pairwork has done properly.
6. Qs & As using the picture cards

   NT asks Qs to Ss.
   Ss answer the Qs and can sit down.

Pattern A の実例③

Teaching Plan of English 2007

Komae Daiichi Junior High School, Komae City, Tokyo

Instructor : Course A (basic)　Nobuaki KITAHARA
Date　　　: 5th Period (13:45 - 14:35), Monday, October 29, 2007
Class　　　: 3-3 & 4 divided into three courses

  Course A (basic)　　　20 students (16 boys + 4 girls)
  Course B (basic)　　　18 students (11 boys + 7 girls)
  Course C (advanced)　22 students (11 boys + 11 girls)

Room　　 :

  Course A (basic)　　　3rd AV Room (3rd Floor of Building #2)
  Course B (basic)　　　2nd AV Room (2nd Floor of Building #2)
  Course C (advanced)　1st AV Room (2nd Floor of Building #1)

Textbook : Lesson 6A "Gestures around the World", Total English Book 3
Allotment :

  1st period : Pattern A
    Review of relative pronoun ③ nominative "that"
     Super Pairwork #21「単語の定義(3)」
    Introduction of relative pronoun ④ objective "which"
     Super Pairwork #20「単語の定義(2)」
    Picture Describing L. 6A
    → Today's Lesson

  2nd period : Pattern B
    Review Worksheet "ENGLISH EXPRESS No.18 (L. 6A)"
    Oral Introduction of L. 6A
    New Words of L. 6A
    Comprehension of the text

  3rd period : Pattern A
    Introduction of relative pronoun ④ objective "that"
     Super Pairwork #20「単語の定義(4)」
    Review Worksheet "ENGLISH EXPRESS No. 19 (L. 6B)"

  4th period : Pattern B
    Picture Describing L. 6B

　　　　　　　　　Oral Introduction of L. 6B
　　　　　　　　　New Words of L. 6B
　　　　　　　　　Comprehension of the text
　　　　5th period：Pattern A
　　　　　　　　　Introduction of contact clause（L. 6C）
　　　　　　　　　　Super Pairwork #23「なんだ，そりゃ？」
　　　　　　　　　Review Worksheet "ENGLISH EXPRESS No. 20（L. 6C）"
　　　　6th period：Pattern B
　　　　　　　　　Picture Describing L. 6C
　　　　　　　　　Oral Introduction of L. 6C
　　　　　　　　　New Words of L. 6C
　　　　　　　　　Comprehension of the text

Aims of this period：1 To review the relative pronoun "that"（nominative use）
　　　　　　　　　　2 To let Ss get used to the relative pronoun "which"（objective use）

Teaching Aids：a kitchen timer, a CD player, worksheet of the song,
　　　　　　　Super Pairwork #21 & 20（Seishinsha）, key words sheet for explaining Japanese culture

Evaluation：Practice for the Interview Test "explaining Japanese culture"
　　　　　　（Procedure 3）→「コミュニケーションへの関心・意欲・態度」
　　　　　　Super Pairwork #21 & 20（Procedure 4）→「コミュニケーションへの関心・意欲・態度」
　　　　　　Picture Describing（Stage 5）→「表現の能力」

Teaching Procedure：

Items	Teacher's Guide / Help	Students' Activities	Points / Evaluation
1. Greeting (1 min.)	Greets with Ss.	Greet with T.	Every S must look at T.

2. Song 6 "To Feel the Fire" Pronunciation (3 min.)	Plays the CD player. Leads Ss to sing better.	Sing along.	
3. Explaining Japanese culture Speaking (8 min.)	Distributes a handout. Chooses two items.	Work in pairs. Try to explain better than the first time with the help of the handout.	「コミュニケーションへの関心・意欲・態度」 Observation
4. Pairwork #21「単語の定義(3)」 Speaking (10 min.)	Reads the words and phrases. Monitors Ss' activities.	Repeat after T. Make fixed pairs to do the pairwork.	「コミュニケーションへの関心・意欲・態度」 Observation
5. Introduction of the new material Grammar (15 min.)	Introduces the objective use of the relative pronoun "which" in comparison to the previous usage. (BOARD WORK)	Fill in the blanks to complete the sentences. Use dictionaries if necessary.	
6. Pairwork #20「単語の定義(2)」 Speaking (5 min.)	Reads the words and phrases. Monitors Ss' activities.	Repeat after T. Make fixed pairs to do the pairwork.	「コミュニケーションへの関心・意欲・態度」 Observation
7. Picture Describing Speaking (7 min.)	Puts some pictures on the board.	Describe the situation in the pictures. Raise their hands to say their sentences.	「表現の能力」
8. Closing (1 min.)	T assigns today's homework.	Take notes.	

Pattern B の実例

Teaching Plan of English 2008

Akasaka Junior High School, Minato Ward, Tokyo

Instructors : Nobuaki KITAHARA, Ronald REID

Date　　　: 6th Period（14:25-15:15), Wednesday, June 18, 2008
Class : 1-A, Akasaka Junior High School,
　　　　　 14 students（7 boys + 7 girls)
Room　　　: English Activity Room（2nd Floor)
Textbook : Lesson 4-1, New Crown English Series New Edition Book 1
Allotment :
　　　　1st period : Introduction of "Plural forms"（L. 4- 1)
　　　　　　　　　　3 types of pronunciation of plural "s"［z］［s］［iz］
　　　　　　　　　　Super Pairwork #10「持ってる？　持ってない？」
　　　　2nd period : Q & A（L. 4-1)
　　　　　　　　　　Oral Introduction of L. 4-1
　　　　　　　　　　New Words of L. 4-1
　　　　　　　　　　Comprehension of the text
　　　　　　　　　　Reading the textbook aloud（w/gestures)
　　　　　　　　　　Introduction of "How many ～?" question form（L. 4-2)
　　　　→ Today's Lesson
　　　　3rd period : Super Pairwork #16「少年少女実業家ゲーム」
　　　　　　　　　　Q & A（L. 4-2)
　　　　　　　　　　Oral Introduction of L. 4-2
　　　　　　　　　　New Words of L. 4-2
　　　　　　　　　　Comprehension of the text
　　　　　　　　　　Reading the textbook aloud（w/gestures)
　　　　4th period : Introduction of the Imperative : "<u>Do</u> this. <u>Don't do</u> that."（L. 4-3)
　　　　　　　　　　Simon Says game
　　　　5th period : Q & A（L. 4-3)
　　　　　　　　　　Oral Introduction of L. 4-3
　　　　　　　　　　New Words of L. 4-3
　　　　　　　　　　Comprehension of the text
　　　　　　　　　　Reading the textbook aloud

Aims of this period :
1 To let students understand the story of the textbook.
2 To lay down "English Circuits" in students' brains through reading aloud with gestures.
3 To build vocabulary; not only the new words, but also various verbs.

Teaching Aids : flash cards, a rhythm machine "Rhythm Trak RT-123" (Zoom), a kitchen timer, a CD player, worksheet of the song, fly swatters,
Super Pairwork Book 1 (Seishinsha),
Action Cards (attached to the textbook "Sunshine English Course Book 1")

Evaluation : No special evaluation connected to the academic achievement

Teaching Procedure :

Items	Teacher's Guide / Help	Students' Activities	Points / Evaluation
1. Greeting (2 min.)	Ts greet with Ss. NT asks a few Qs.	Greet with T. Answer the questions.	Every S must look at Ts.
2. Song 3 Pronunciation (5 min.)	Plays the CD player. Ts lead Ss to sing better.	Sing along with gestures. (two types)	"Hello, Goodbye"
3. Various Verbs Input Vocabulary (10 min.)	JTE plays the rhythm box. NT shows pictures. JTE scatters small size pictures on the table. NT reads up ... 1. only verbs 2. phrases 3. sentences 4. wrong sentences	Pronounce the verbs with the rhythm. Say the correct phrases quickly. Touch the correct pictures quicker than the other player of the pair.	Ss use fly swatters.

4. Qs & As Speaking (6 min.)	NT shows Ss picture cards and asks them Qs.	Raise their hands to answer the Qs. Sit down if the answer is correct.	Willingness to speak without any fear of making mistakes
5. Oral Introduction of the text Listening (3 min.)	Ts show a model dialog of Lesson 4-1. NT shows picture cards and explains the story.	Listen to Ts and try to get the gist.	Aural input of the new words and the content.
6. Introduction of New Words Vocabulary (10 min.)	JTE shows Ss the flash cards. NT shows a model pronunciation. JTE shows the other side and makes some comments on the usage. JTE lets Ss use dictionaries. JTE shows the Japanese side to Ss.	Pronounce the words. Repeat after T. Understand the meaning and the usage of the words. Search for "any" and "some" in their dictionaries. Spell each word in the air.	Ss try to pronounce without T's help. T needs to know which words are difficult for Ss.
7. Reading aloud Reading (7 min.)	1. Repeating after JTE with gestures 2. Repeating after NT 3. Individual reading (5 times)		Ss must hold the textbook so that they concentrate on reading.
8. Introduction of "How many ~?" question form Grammar (5 min.)	NT asks the number of animals JTE has in the paper bags. JTE reminds Ss of how he has been asking the number of stars.	Listen to Ts. Remember the expression of "How many ~?".	Quick introduction: because it is easy to understand and use.
9. Closing (2 min.)	JTE assigns today's homework.	Take notes.	

第2章　小学校英語活動とのスムーズなつながり

　平成23年度（2011年度）の本格実施を前に，21年度から小学校英語活動がスタートした。すでに実施していてオリジナルのカリキュラムを持つ自治体もあるが，全国の多くの自治体では英語ノートを使って指導することになるだろう。指導の中心となる小学校の学級担任の先生方のとまどいの声はあちこちで聞かれるが，英語活動を2年間受けてきた小学生を受け入れる中学校英語教師のとまどいも大きい。

第1節　小学校でできたと思うもの

　まずは中学新入生の実態を知らなければならないが，いきなりテストするわけにもいかない。そこで私は，2007年度に英検研究助成論文に書いた「中学版Can-Doリスト」の5級版を利用することを思い立った。これは英検Can-Doリストを元に全国56校の約3000名の英検合格者（5級〜準2級）に調査をして，どんなことができると思うか，をまとめたもので，英検合格者の実際の英語使用に対する自信の度合いを表している（詳しくは日本英語検定協会HPまたは北研HPをご覧いただきたい）。

　このリストを新1年生に示し，各項目の中で「あてはまる」「だいたいあてはまる」と思うものを選んで回答用紙に○をつけてもらった。「4月」の欄が入学直後に取ったデータである（小学校ではやっていないと思われる項目については問うていないので空白になっている）。これを見るとこの年度の新入生は「アルファベットの大文字・小文字が読めて，聞いて識別でき，書ける」「あいさつが聞いてわかる」「あやまったり，お礼を言ったりすることができる」ことがわかった。その結果，翌年度からはペンマンシップを買うことをやめ，文字指導の時間も大幅に短縮することができた。お金と時間の節約になった。

　同じ調査を9月，12月，3月と行った。当然のことながら生徒が「できる」と思う項目が増えていくが，私は反転数字になっていない項目を授業で重点的に指導することによって効率的な指導ができた。

港区立赤坂中学校1年生　英語力の伸び調査結果

2009年3月23日
4月調査時31名
9月調査時29名
12月調査時30名
3月調査時31名

中学版5級 Can-do リスト

＊反転数字はほぼ全員（9割以上）が自信があると答えたもの

	読む	4月	9月	12月	3月
1	アルファベットの大文字と小文字が読める。	**28**	**29**	**30**	**31**
2	アルファベットが順番どおりに言える。	27	**29**	**30**	**30**
3	ピリオド（.），クエスチョンマーク（?），カンマ（,），引用符（" "），感嘆符（!）を理解することができる。	—	19	**28**	**28**
4	英和辞書を引いて目的の語を見つけることができる。	13	**28**	**29**	**31**
5	日常生活の身近な単語を読んで理解することができる。（例：dog, eat, happy）	24	24	**30**	**31**
6	日常生活の身近な語句を読んで理解することができる。（例：in the morning, at home）	—	19	25	26
7	日常生活の身近なことを表す簡単な文を理解することができる。（例：I play tennis every day.）	—	25	**28**	**30**
8	日常生活の身近なことを表す簡単な2文以上の文章を理解することができる。	—	16	21	25
9	教科書をスラスラ音読できる。	—	13	19	24
	聞く	4月	9月	12月	3月
1	初歩的な語句や決まり文句を聞いて理解することができる。（Three books. / I don't know. / Here you are. など）	9	22	**29**	**30**
2	アルファベットを聞いて，どの文字かを思い浮かべることができる。	**28**	**29**	**29**	**31**
3	日常生活の身近な単語を聞いて，その意味を理解することができる。（例：dog, eat）	24	26	**29**	**31**
4	曜日，日付，天候を聞き取ることができる。（例：Monday, September 14, cloudy）	13	16	26	**30**
5	日常生活の身近な数字を聞き取ることができる。（電話番号，時間，年齢など）	18	18	**29**	**31**

		4月	9月	12月	3月
6	日常的なあいさつを理解することができる。(例：How are you? / Nice to meet you.)	**29**	**27**	**30**	**31**
話す		4月	9月	12月	3月
1	アルファベットを見てその文字を発音することができる。	26	**27**	**30**	**31**
2	日常生活の身近な単語を発音することができる。(例：dog, eat, happy)	22	26	**29**	**31**
3	日常生活の身近な数字を言うことができる。(電話番号，時間，年齢など)	16	13	24	27
4	簡単なあいさつをかわすことができる。(例：Good morning. / Good night.)	25	**28**	**29**	**31**
5	あやまったり，お礼を言ったりすることができる。(例：I'm sorry. / Thank you.)	**29**	25	**29**	**31**
6	日常生活の身近な話題について，Yes / No で答える質問に答えることができる。(「好き」「嫌い」など)	18	26	**29**	**31**
7	日常生活の身近な話題について，What, Who, Where, When, How などで始まる質問に短く簡単に答えることができる。(Where do you live? ─ In Shibuya. など)	5	8	15	22
8	3～5文で自己紹介や家族・友達紹介ができる。	3	21	23	27
9	友達と2行の簡単なペアワーク(対話)ができる。	12	15	25	27
書く		4月	9月	12月	3月
1	アルファベットの大文字と小文字が書ける。	**28**	**29**	**29**	**31**
2	英語の書き方のきまりに合わせて正しく文が書ける。(先頭は大文字，単語と単語の間は少しはなす，文の最後にはピリオド（.）かクエスチョンマーク（?）など)	─	20	**29**	**29**
3	黒板に書かれた文や教科書の文を正しくノートに写せる。	─	**28**	**30**	**31**
4	重要単語（例：教科書で太字になっている）なら半分くらいは書ける。	─	16	18	16
5	語句を並べて短いメモを書くことができる。(例：party, 6:00)	─	7	16	20
6	短い文であれば，英語の語順で書くことができる。(例：I go to school at eight.)	─	12	23	25
語彙		4月	9月	12月	3月
1	教科書に出てくる語のうち，簡単な語は発音できるし，意味もわかる。	─	23	**28**	**29**

第2節　発音指導，辞書指導，語彙指導，音読指導

第1節のデータとは別に情意面の調査もした。その結果はこの年度では，ほとんどの生徒が「英語がきらい」「小学校英語活動は無駄だった」という驚くべきものだった。実際に授業をスタートしてみると例年の1年生のような元気さや表情の明るさや目の輝きが少ないように感じた。そこで例年よりていねいにゆっくり入門期指導を行った。

下の簡易指導案は新任の同僚のために書いた「入門期最初の8時間」の授業案である。入門期の発音指導，辞書指導，語彙指導，音読指導が指導の流れに沿って配置してあるので参考にしていただきたい。

1年英語　授業案1

4月9日（木）6校時　1年A/B組
1　Greeting　5 min.
　　T: Good morning, everybody.
　　S: Good morning, Ms. K / Mr. Kitahara.　　　Mr. / Ms. の指導
　　T: How are you?
　　S: Fine, thank you.　And you?
　　T: I'm fine too, thank you.
　　＊pronunciation check of f, v, th sounds
　　（授業中できなかった生徒は次回から昼休み・放課後職員室で指導）
2　Self-intro. of Ms. K and Mr. Kitahara　10 min.
3　The first encounter to teachers　20 min.
　　Three teachers greet all the students and shake hands, adding one question such as "Do you like sports?", "What sport do you play?", "Where do you live?" etc.
4　Ron's self-intro.　15 min.
　　using worksheets
5　ファイルを次の時間に持って来るように指示

1年英語　授業案2

4月13日（月）3校時　1年A/B組
1　あいさつ　5分
　　f, v, th の発音を全員チェック（授業中できなかった生徒は昼休み・放課後職員室で指導）。
　　T：Good morning, everybody.
　　S：Good morning, Ms. K.
　　T：How are you?
　　S：Fine, thank you.　And you?
　　T：I'm fine too, thank you.
2　「Let's Start 1　英語であいさつしてみよう」　10分
　　various greetings on pp. 2-3
　　① p. 2-3 の上のあいさつを練習する
　　② p. 2-3 の下のあいさつを練習する
3　スーパー・ペアワーク No. 1「はじめまして」　15分
　　① ペアワークの約束事
　　② 基本文の練習
　　③ やり方説明
　　④ ペアワーク
4　ファイルを持って来たかをチェック　5分
5　The Alphabets　アルファベットの名前と音①　15分　＊A～Kまで
　　① 色分けの意味を考えさせる
　　② 赤グループ（bcdgp など）の音
　　③ 青グループ（flmn など）の音
　　④ 茶色グループ（jk など）の音
　　⑤ 緑グループ（母音 vowels）の音
　　⑥ 黒グループ（その他 others）の音
　　⑦ リズムに乗って　bbbb（ブ），B（ビー）。

1年英語　授業案3

4月14日（火）1校時　1年A／B組

1　あいさつ　3分
　　f, v, th の発音ができているかどうか，前回一発合格しなかった生徒のみ確認。

2　The Alphabets　アルファベットの名前と音②　5分　＊A〜Kまで
　　リズムに乗って　bbbb（ブ），B（ビー）。

3　ビデオ　"Alphabet Zoo"　前半　15分　＊A〜Kまで
　　ビデオの後についてアルファベットの音を言わせる。
　　正しい大文字を指させる。

4　「Let's Start 2　英語を聞いてみよう　どれだけわかるかな」15分
　　Ron pronounces words of each picture, students point to the specific picture.
　　先生が発音した絵を指す（ページごとに行う）。ペアで勝負！（文字は扱わない）
　　ALTの後について発音練習　repeat after Ron

5　「Let's Start 3　単語のつづりと読み方を覚えよう1，2」10分
　　Ron pronounces words, students point to the specific picture and repeat.
　　フラッシュカードを使って　簡単に！
　　次の発音に緑の下線を引く。
　　　　r<u>oo</u>m：長母音 oo
　　　　b<u>oo</u>k, n<u>o</u>tebook：短母音 oo
　　　　t<u>a</u>ble, c<u>a</u>ke, noteb<u>o</u>ok, b<u>i</u>ke, pl<u>a</u>ne：magic-E
　　　　tr<u>ee</u>：長母音 ee

6　ファイルを持って来たかをチェック　2分

1年英語　授業案4

4月16日（木）1校時　1年A/B組
1　あいさつ　3分
　　f, v, th の発音ができているかどうか，前回一発合格しなかった生徒のみ確認
2　The Alphabets　アルファベットの名前と音③　5分　＊L～Zまで
　　リズムに乗って　bbbb（ブ），B（ビー）。
3　ビデオ "Alphabet Zoo" 後半　15分　＊L～Zまで
　　ビデオの後についてアルファベットの音を言わせる。
　　正しい大文字を指させる。
4　The Alphabets, capital letters　大文字導入（全部一気に）　20分
　　「Let's Start 4　英語のアルファベットを覚えよう」を参考に，ワークとノートを使って。
5　The Alphabets　アルファベットの名前と音④　5分　＊A～Zまで全部
　　リズムに乗って　bbbb（ブ），B（ビー）。
6　The ABC Song　2分

1年英語　授業案5

4月17日（金）1校時　1年A/B組
1　あいさつ　3分
　　f, v, th の発音ができているかどうか，これまでに一発合格しなかった生徒のみ確認。
2　小文字の導入（全部一気に）　30分
　　「Let's Start 4　英語のアルファベットを覚えよう」を参考に，ワークとノートを使って。
3　The Alphabets　アルファベットの名前と音④　5分　＊A～Zまで全部
　　小文字カードを使って。
　　リズムに乗って　bbbb（ブ），B（ビー）。
4　The ABC Song　2分
5　「Let's Start 3　単語のつづりと読み方を覚えよう1，2」復習　10分
6　英和辞典を次回持ってくるように指示

1年英語　授業案6

4月23日（木）1校時　1年A/B組

1　あいさつ　3分
　　f, v, th の発音ができているかどうか，前回一発合格しなかった生徒のみ確認。
2　The Alphabets　アルファベットの名前と音⑤　5分　＊A〜Zまで全部
　　小文字カードを使って。
　　リズムに乗って　bbbb（ブ），B（ビー）。
3　Song "Do-Re-Mi"　5分
4　「Let's Start 3　単語のつづりと読み方を覚えよう1，2」復習　10分
　　フラッシュカードを使って。
5　「Let's Start 5　楽しく英語を使ってみよう」10分
　　動詞だけはフラッシュカードで練習。
　　CDを使って発音練習，ジェスチャーを使って言わせる。
6　辞書指導① dictionary use practice 1　17分
　　Students know the structure of the dictionary.

1年英語　授業案7

4月24日（金）1校時　1年A/B組

1　あいさつ　3分
　　f, v, th の発音ができているかどうか，前回一発合格しなかった生徒のみ確認。
2　The Alphabets　アルファベットの名前と音⑥　5分　＊A〜Zまで全部
　　小文字カードを使って。
　　リズムに乗って　bbbb（ブ），B（ビー）。
3　Song "Do-Re-Mi"　5分
4　「Let's Start 5　楽しく英語を使ってみよう」復習　10分
　　教師の英文を聞いてジェスチャーをさせる。
　　教師のジェスチャーを見て英文を言わせる。
　　生徒が慣れたと思われる文に○をさせる。
5　辞書指導② dictionary use practice 2　27分
　　Dictionary speed competition (Students search for the words in Lesson 2 quickly.)

1年英語　授業案8

```
4月28日（火）1校時　1年A/B組
1　あいさつ　3分
   f, v, th の発音ができているかどうか，これまでに一発合格しなかった生徒の
   み確認。
2　ビンゴ　7分
   The Alphabet Bingo No. 15 & 16（生徒は小文字1つをセルに書く）
   教師は bbbb（ブ），B（ビー）のように読み上げる。
3　The Alphabets　アルファベットの名前と音⑦　5分　＊A〜Zまで全部
   小文字カードを使って。
   リズムに乗って　bbbb（ブ），B（ビー）。
4　Song "Do-Re-Mi"　5分
5　Lesson 1-1　20分
   I am 〜. / You are 〜.
6　スーパー・ペアワーク No. 4　10分
```

第3節　動詞40個のインプット

　現在の教科書はほとんどbe動詞から始まっている。そうするとせっかく小学校で使ってきたlike, play, eatなどの一般動詞を扱うのが6月以降になってしまう。また，英語で授業をするときに教師の指示が理解できないといけない。以上2つの理由から5月の連休明けを目安に一般動詞のインプットを行っている。

　もちろん初めは文字を使用しないで音声とジェスチャーのみで進め，慣れてきたら文字を使う。

1．アクションカード

　使用教材は Sunshine English Course 1（開隆堂出版）の付録についている「アクションカード」である。これは私の実践を元に作った絵カードで18種類の動作が描かれている。動詞の選定基準は次の通りである。
・すでに生徒がカタカナ語として耳にしたことがある
・発音とつづりの関係が規則的

・他動詞
・目的語とのコロケーション頻度が高い
・絵にしやすい
・日常生活でよく使われる
・Teacher Talk で使われる

開隆堂出版　Sunshine English Course　1巻末資料

カードの裏面には，以下の動作を示す文字が書かれている。

clean your room	speak English
close your book	study English
drink some tea	take a bath
eat breakfast	touch your desk
make *sushi*	wash your face
open your book	write your name
play baseball	watch TV
read a book	cook dinner
sing a song	use a computer

使用期間の目安は7月の期末テストまで。クラスの最後の一人が「先生，も

う覚えたからやめようよ」と言うまで続ける。やり方は次の通りである。
① 動詞だけインプット
　生徒はペアになる。教師は動詞だけ言う。生徒は言われた絵のカードを見つけたら「ハイ！」と言いながら自分のカードの絵にタッチする（カードは切り離さない）。相手より速く正しくタッチできたら1ポイントとなる。
② 動詞＋目的語のインプット
　上に準じる。動詞だけなら小学校レベルだが，ここから中学校レベルになる。コロケーションを1年生のときから意識させる。
③ 一，二人称の主語をつけて，動詞＋目的語
　a．肯定文の場合…そのまま聞こえたらタッチする
　b．否定文の場合…タッチしない
　c．疑問文の場合…答えがYesならタッチする
④ 三単現の主語をつけて，動詞＋目的語
　a．肯定文の場合…そのまま聞こえたらタッチする
　b．否定文の場合…タッチしない
　c．疑問文の場合…答えがYesならタッチする
⑤ 進行形にして
　a．肯定文の場合…そのまま聞こえたらタッチする
　b．否定文の場合…タッチしない
　c．疑問文の場合…答えがYesならタッチする
⑥ can をつけて
　a．肯定文の場合…そのまま聞こえたらタッチする
　b．否定文の場合…タッチしない
　c．疑問文の場合…答えがYesならタッチする
⑦ Let's をつけて
⑧ 過去形にして
　規則動詞のカードだけを使う（clean, close, cook, open, play, study, touch, use, wash, watch）。
　a．肯定文の場合…そのまま聞こえたらタッチする
　b．否定文の場合…タッチしない
　c．疑問文の場合…答えがYesならタッチする
⑨ 命令形…タッチする
　否定命令形…タッチしない
注1　④〜⑨は該当の文法事項の学習を待つ必要はない。どんどん音で入れて

いく。
注2　裏面（文字）を使って同様に行う。
注3　お手つきは減点，などとルールを変えながらやると長続きする。

2. 残りの22個の動詞

　次の動詞をフラッシュカードを使ってインプットする。選定基準はアクションカードに準じるが，それに加えて都中英研研究部が2006年度に選定した「重要動詞56語」のうちから選んだ。（get, take, have などの多義語は刷り込みを防ぐため，あえて外してある）

　　come, cut, enjoy, go, help, know, live, look, love, need, say, see, send, sit, stand, start, stop, talk, visit, walk, want, work

第3章 発音指導

　小学校英語活動が始まって生徒の発音はそれまでよりずっとよくなるだろうか？　文科省の言うように「5，6年生」に「年間35時間」という時数と頻度では答えは否であると思う。理由は次の2点だ。
・英語が専門でない小学校の先生方に発音矯正を求めるのには無理がある。
・ALTは発音を直してはくれない。

第1節　発音指導は中学校英語教師の最大のつとめ

　リスニング，スピーキング，リーディング，ライティングの技能や語彙力，文法力は大人になってからでも向上するが，発音は大人になって努力してもそれほどよくならないことは周知の事実である。語学学習の早い段階できちんとした音韻体系を頭の中に作り，正しい発音ができるようにしてあげることは，小学校英語活動が始まっても依然として中学校英語教師の大切な仕事である。私が教えた生徒たちの追跡調査からは，「発音がうまいと発言回数も増え，積極的に授業に参加するようになる」ことがわかっている。逆に言うと，発音がへただと高校に行ってから臆するということだろう。発音がうまい友達を賞賛できる，目標とすることができる雰囲気を教室に作ろう。

1．データから見る「発音がいい」
　前任校の卒業生は毎年必ず高校入学後に「発音がいい」「語彙をよく知っている」の2点で友達や先生にほめられた。第1章で提示したデータから「発音がいい」とほめられた生徒の文を引用する（下線が該当部分）。
　また，現任校の生徒は全国から年間100名ほどいらっしゃる授業参観者に，必ず「発音がいいですね」と言われる。2008年度3学期のスキット発表会をご覧になった大学の先生方は「こんな1年生は全国どこを探してもいない」とおっしゃった。
　次項からは具体的にどんな発音指導をしていくのかを示す。

> 「高校でがんばっていること，先生にほめられたこと」
>
> （2006年11月の追跡調査より）
>
> A 高校に入ってやっぱり英語は苦手だけど<u>発音テストだけは毎回先生にほめられます</u>。
> F <u>OCの先生にthとfの発音がうまいってほめられた</u>。
> H 英語は苦手だけど発音はいいと言われた。
> K 定期テストでクラス順位が41人中3位でした。OC Ⅰの小テストで満点を取りました。<u>発音がいいと先生にほめられました</u>。
> L <u>高校では先生に発音がうまいとほめられます</u>。中学でいっぱい練習したかいがありました。中学の勉強の仕方で本当によかったです。
> M 英語の授業であてられたとき，<u>発音が良い</u>とほめられた。

2．入学当初の発音指導

　入学当初は，アルファベットの表す音を1か月毎日徹底的に，最後の一人ができるようになるまで，「先生，もういいよ！」と生徒が言うようになるまで練習させる。そして以下の順で文が読めるようになるまで，段階的に指導してゆく。

> アルファベットの文字を見たら音が言える　➡　2つ以上のアルファベットの文字の組み合わせが読める　➡　短い単語が読める　➡　句が読める　➡　文が読める

3．日常の発音指導

(1)　一人でもできなかったら全員チェック

　例えばワークブックの答え合わせで，教科書本文を個人読みさせていて，ある一人の生徒の発音が正しくなかったときには，全員を立たせて一人一人の発音をチェックする。1年生の1学期に集中してやるとよい。

　ある程度回数を重ねるとしっかりできている生徒と，そうでない生徒がわかる。そうしたら「今まで一回もチェックに引っかかっていない人は初めから立たなくてよい」と指示する。こうすれば短時間の間に発音のできていない生徒だけを指導できる。その場で個人指導し，できれば座らせる。できなければ次の生徒に移るが，その間該当の生徒に発音のアドバイスをするのは周りの生徒

たちだ。2度目にできれば合格。できなければ昼休みや放課後に職員室に来てもらう。そして鏡の前に二人して立ち，唇や歯の位置を確認させながら指導する。

節目には全員に次のような質問をする。「もう意識しなくても f, v, th の発音ができている人？」 1年生の12月でクラスの1/3，2年生1学期末で2/3の生徒が手をあげればよし。そうでなければ発音指導を強化する。

(2) 弱形は鼻歌で
次のような文で，弱形の部分などを「鼻歌」にして発音してみる。強形の名詞や動詞はゆっくりはっきり，強く長く言う。弱形の前置詞や冠詞は音を出さないか，「フンフン」と言う。実際に生徒にやらせてみて強形と弱形の違いを体感させるとよい。

> <u>Cambodian</u> children <u>like</u> to <u>play</u> in <u>forests</u> and <u>fields</u>, just like <u>you</u> and <u>me</u>. (New Crown 2 Lesson 8)

(3) 固めて言う練習を
英語の難しさの一つは，いくつかの単語がくっついて発音されることにある。単語単語で切らずに固めて言う練習をさせよう。

> one of them

音の連結や脱落などに注意して一息で言えるように指導する。

(4) 速く言う練習を
paced reading（モデルと同じスピードとピッチで読む）や shadowing（聞こえてくるそばから読む／言う）を使って英語のイントネーションをつかませる。効果的な練習法である。1年生後半から行い，音読練習につなげる。

(5) やっぱり英語の歌
1年生では以下のような1音符に1単語が乗っている歌を，3年生では速い歌に挑戦して歌わせる。歌手そっくりに歌えるようになれば上記(1)〜(4)は達成されたと思ってよい。

・Ob-La-Di, Ob-La-Da（1年）
・Top of the World（1年）
・All I Want for Christmas Is You（3年）

(6)「フォニックス先にありき」ではだめ

　フォニックスとはもともと，アメリカで発話はできるが読み書きができない人たちを対象に作られたものだ。指導対象となる人はすでに音声としての語彙が相当数あるわけである。だから語彙がほとんどない1年生初期で，フォニックスのルールを教えてもあまり意味がない。私はある程度語彙がたまってから（1年生2学期頃）指導を開始する。

　フォニックス指導は，まず教科書語彙を調査することからはじめる。使用教科書の前半部分に使われている語がどんな発音を含んでいるかを書き出してみる。

1年生教科書（New Crown）初期に多く現れるフォニックス・ルール

	LET'S START 3	Lesson 1	DO IT TALK1	Lesson 2	Lesson 3	DO IT WRITE 1	WORD CORNER 1	Lesson 4
oo[u:]	room			too moon				
oo[u]	book				football good			look
magic-E	cake table notebook bike plane			nice kite	like baseball game	name use	five nine telephone	take
ee	tree				three weekend		fourteen	see
ow	flower							how
ou	house							
au		Australia						
ea			teacher	teacup	easy			
gh		right					eight	
all	ball			small				
ay					play day	Sunday		
ir							thirteen thirty	girl bird

第3章●発音指導

	DO IT TALK2	WORD CORNER 2	Lesson 5	DO IT TALK3	LET'S READ1	WORD CORNER 3	Lesson 6	DO IT TALK4
oo[u:]					school			
oo[u]								
magic-E					Eve	Japanese		late time
ee							week	need
ow					town			now
ou			about		mountain		sound	
au		daughter						
ea			sea					
gh		daughter						
all								
ay				Saturday		Monday today		
ir								
ear	near						ear hearing	

　以上の調査から，生徒が学ぶ単語に多く含まれている，次のフォニックス・ルールを順次採用し，指導する。

```
1  oo, magic-E, ee, ea
2  gh, ir, ay, all
3  ou, ow, au, ear
```

(7) フラッシュカードを使ってフォニックスの定着

　毎時間の授業で何度も提示するフラッシュカードには，語の意味などのほかに，フォニックスのルールを書き入れる。フォニックス・ルールに合致している部分には緑線，例外（breakfast の ea など）は赤線を引いている。フラッシュカードの語を確認しながら，「今まで習った語にどんなのがあった？」と，既習語で同じルールにあたる語をあげさせ，定着を図る（フラッシュカードの使用法については，「第5章　語彙指導」を参照）。

| for | eat | just | ta<u>k</u>e |

| b<u>i</u>te | everything | sandwich |

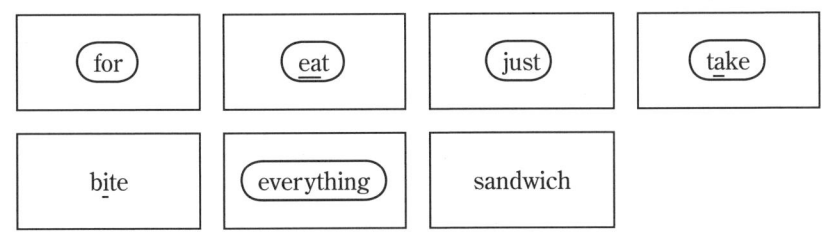

＊上の例では，eat, take, bite はいずれも緑の線が引かれている
＊つづりまで覚えるべき語は赤丸で囲ってある

(8) 未習語をフォニックスの知識を使って書き取る

「聞いた語がすぐにつづれる！」指導法である。2年生2学期に発音に意識を向けさせ「発音できればつづりが書ける」ことを体感させるために行った。指導の方法は以下の通りである。

フォニックスの知識を利用したつづり調べ競争

1　目的
　　1. 発音できる単語は書けるようにする
　　2. 日頃から発音を大事にする姿勢を育てる

2　対象学年
　　2年生発展コース

3　使用したフォニックス・ルール
　＊各レベルに設定したフォニックス・ルールは，New Crown English Series Book 1 で Lesson 6 までに頻出するものから順次採用。2年生以降は，これまでのフォニックス指導経験から採用。これらに日本人にとって紛らわしい音（th と s, z, l と r, f と h, b と v）を組み合わせる。
　　1. 1年生レベル①
　　　oo（長・短），magic-E, ee, ea
　　2. 1年生レベル②
　　　gh, ir, ay, all
　　3. 2年生レベル①
　　　ou, ow, au, ear

4. 2年生レベル②
   ai, er, or, ur
5. 2年生レベル③
   ea（例外）, ou（例外）, ow（例外）

4 やり方
1. 毎時間1つのフォニックス・ルールを取り上げてそれを含む未習語を教師が発音し，語をつづらせる。つづりを書けたら本当にその語があるかを，辞書で確認させる。
2. つづりが書けた生徒は立ち上がり，友達同士でつづりを確認する。ペア・パートナーより速く正解できたら1ポイント。、
3. つづりを書けた生徒は辞書を引いて語義を書く。
4. 全体で答え合わせをしながら，発音とつづりの関係を再確認する。

5 使用する単語（未習語）の優先順位
1. 生徒の身近な単語とする。
2. 耳にしたことがある単語が望ましい。
3. これから（3学年で）学習する予定の語を入れておく。

6 指導例
1. 1年生レベル①

	1回	2回	3回	4回
oo（長）	broom	loose	tooth	goose
oo（短）	brook	hook	shook	stood
magic-E (a)	sale	female	pace	lace
magic-E (i)	ice	mice	mime	lime
magic-E (u)	cute	lute	mute	fuse
magic-E (e)	theme	delete	concrete	Pete
magic-E (o)	phone	tone	bone	cone
ee	greet	bee	peel	keen
ea	east	beat	neat	sneaker

2. 1年生レベル②

	1回	2回	3回	4回
gh	fight	bright	sight	through
ir	skirt	shirt	dirty	firm
ay	bay	tray	clay	sway
all	mall	stall	tall	fall

3. 2年生レベル①

	1回	2回	3回	4回
ou	ground	found	proud	foul
ow	cow	bow	eyebrow	pow
au	sauce	Australia	cause	caution
ear	tear	fear	rear	spear

4. 2年生レベル②

	1回	2回	3回	4回
ai	daily	nail	trail	braille
er	desert	detergent	herd	certain
or	sailor	tailor	major	labor
ur	burn	curtain	fur	urban

5. 2年生レベル③

	1回	2回	3回	4回
ea（例外）	great	break	steak	
	breakfast	head	ready	bread
ou（例外）	country	southern		
ow（例外）	low	flow	glow	crow

生徒が調べたつづりと発音の関係（2年生版）2009.7.7.

番号	学年	ページ	発音	単語	品詞	意味	例外発音の語とページ	担当者名	同じ発音を持つ単語をここに書く
1	1	2	oo長	too	副	～も（また）			
2	1	6	oo長	room	名	部屋			
3	1	25	oo長	moon	名	月			
4	1	68	oo長	school	名	学校			
5	1	68	oo長	choose	動	～を選ぶ			
6	2	5	oo長	afternoon	名	午後			
7	2	22	oo長	zoo	名	動物園			
8	2	24	oo長	food	名	食べ物			
9	2	42	oo長	soon	副	まもなく			
10	2	52	oo長	shampoo	名	シャンプー			
11	2	64	oo長	roof	名	屋上、屋根			
12	2	64	oo長	cool	形	涼しい			
13	1	7	oo短	book	名	本			
14	1	27	oo短	football	名	フットボール			
15	1	28	oo短	good	形	良い			
16	1	38	oo短	look	動	見る			
17	1	71	oo短	cook	動	料理する			

＊上は生徒が教科書の語のなかでつづりと発音の関係を調べたもの

第2節　音読テスト

1．どう運営するか

　テストのたびごとに授業をストップするのは授業時数確保の観点からも問題が多い。音読テストの場合は，私が通常授業を行いながら生徒が一人ずつ教室を抜けて別室で待機しているALTのところに行ってテストを受ける，という進行で行う。

2．criteriaはどう設定するか

　1年生は日本語にない子音のf, v, th, lとr，2年生では日本人が苦手な母音やtr-, dr-のように子音が続く場合や，全体のスピードをテストする。評価基準はA，B^+，B，Cの4段階が多い。Aはネイティブ・レベル，B^+は日本人としては非常にうまい，Bは日本人の発音としては十分，Cは不合格。

3．学期に何回やるか

　1年生は学期に2回は行いたい。2年生では発音が崩れてきたなと感じたときに行う。

4．事前に何を告知しておくか

　音読する内容をテストで初めて見せるのは実力を知るにはよいが，生徒が発音コンシャスになるように事前に評価項目や基準を告知しておくとよい（下は生徒に告知したプリント）。

5．結果の開示は？

　「KR情報（knowledge of result）はなるべく早く学習者に返す」という評価の原則から，テスト実施時間の最後に本人に知らせる。また，廊下の掲示板に全員の結果を掲示する。

音読テスト実例

1年生　夏休み明け音読テスト	
	2008年9月8日
目的	：これまでの音読の力を測る
内容	：ロン先生が指定したLesson 2〜Lesson 5-1の範囲の1セクション

(1ページとは限らない！）を音読する。
期日　　：9月9日（火）5校時（Rの時間）
場所　　：英語科学習室
やり方　：①廊下に貼られている名票に書かれている，自分のグループ番号を
　　　　　あらかじめ知っておく（グループ1が7月の音読テストで成績が
　　　　　1番よかったグループ，グループ2がその次，……）。
　　　　②当日は社会科教室に全員集まる。
　　　　③グループ1から順番に英語科学習室に移動し，ロン先生にあいさ
　　　　　つしてから腰掛ける。
　　　　④ロン先生の指定するページを一人一人音読する（同じグループは
　　　　　全員同じページ）。
　　　　⑤終わった人から社会科教室に戻る。各グループの3番目の人は，
　　　　　自分が終わったら次のグループに声をかける。
評価項目：前回と同じ
　　　　　①fの発音
　　　　　②vの発音
　　　　　③thの発音
　　　　　④Linking（音と音のつながり）
　　　　　⑤Intonation（英語らしい発音，声の強弱と高低）
評価規準：前回と同じ
　　　　　完璧にできている…………………A
　　　　　不十分なところが少しある………B
　　　　　練習不足である……………………C

　　　　＊Cがついた人は放課後残って練習する日々が待っています。

第3節　発音指導に関する生徒の感想

「2学期にできるようになったこと」より抜粋

●1年B組
・発音がすごく上手になったと自分で思います。特にthの発音など上手く言えます。音読もスラスラ出来るようになって文を見てすぐ発音することが出来ます。
・先生が一度言った言葉を繰り返すことが出来る。発音のth, f, v ... などを上手にしゃべること。
・1学期は簡単な物の名前や質問しかできなかったけど，2学期ではまず難しい単語の意味を覚えることができて，上手に発音できるようになりました。
・長崎では小学校のとき「英語」というのがなかったので，この前「英語の発音とかうまかなぁ。赤坂中はよかなぁ。」と言われてすごく嬉しかったです。
・北原先生はfやvのはいっている単語が出てきたときに，ちゃんと発音できているかのチェックをしてくれるのでとても覚えやすかったです。それにおもしろかったです。

●2年生発展コース
・発音がよくなったと思う。
・他にも音読や歌などで少しずつ発音を意識するようになりました。
・発音で英単語が少し書けるようになった（注：先生の発音を聞いて未習語を書く）。発音が少しよくなった。発音を大切にした結果，英単語が書けるようになった。
・発音が少しよくなった。
・aの発音やthの発音，r, lの区別に気をかけるようになった。

●3年生発展コース
・広島レクイエムのおかげで発音が前より良くなった。
・広島レクイエムやLesson 7のケビンの行動についてなどで発音が少し良くなったと思う。

第4章 辞書指導

　2012年度（平成24年度）完全実施の中学校新学習指導要領では，辞書指導の項目が次のように大幅に変更になった。（下線は相違点）

> ●**現行学習指導要領**
> キ　辞書の初歩的な使い方に慣れ，必要に応じて活用できるようにすること。
> ●**新学習指導要領**
> カ　辞書の使い方に慣れ，活用できるようにすること。
> 　　　　　　　『中学校学習指導要領』第2章各教科，第9節外国語
> 「3　指導計画の作成と内容の取扱い」より（平成20年3月，文部科学省）

また，同解説では，次のように述べられている。

> 　授業での自己表現活動を自発的に行ったり，家庭での教科書から離れた英語学習などに持続的に取り組んだりする上で，辞書を活用できることは必要不可欠である。
> 　辞書の使い方に慣れさせるためには，生徒が適宜辞書を繰り返し使用し，調べたい単語を辞書を使って自由に調べるということを普段から行わせる必要がある。
> 　なお，辞書指導に関しては，3学年間を通して適宜辞書を活用させることが大切である。

　ポイントの1つ目は，「辞書の初歩的な使い方」から一歩進んで「辞書の使い方」という表現に変わったことだ。これは「単に単語を引ける」という段階で終わらせずに「辞書の構成を生徒に教え，自由自在に引くことができるようにしなさい」ということである。2つ目は，「必要に応じて活用できるように」から「活用できるように」と一歩踏み込んだ内容になっていることで，これは辞書を活用して自学ができるようにしなさい，ということである。「教室で」「先生に教わる」以外に自ら進んで英語学習ができる「自立した学習者」の育成を意味することに他ならない。
　中学生になって英語の文字を初めて勉強する中学1年生にとって，未知の領域である英語の世界への案内役は先生と同時に英和辞典である。なんでもかんでも教え込もうとしないで，辞書をうまく使える学習者を育てたいものだ。

第1節　辞書指導ワークショップ

　2002年（平成14年）に現行学習指導要領に変わって，週当たり授業時数が全学年とも3時間に減少してしばらくした頃，私の属する東京都中学校英語教育研究会研究部（以下，「研究部」と略す）の月例会で私はこんな質問を部員全員にしてみた。「週3時間になって，何を授業から削りましたか？」　全員に共通していたのは「辞書指導」だった。研究部は語彙に視点を当てて30数年間にわたり研究を継続してきた研究団体である。外国語習得に一番根幹をなす語彙を身につけるのに辞書は欠かせない。研究部員ですら辞書指導をやめてしまったことに危機感を覚えたものだ。同じ考えを持っていた田尻悟郎先生（現・関西大学教授）と二人で，「辞書指導を復活するように先生方に呼びかけよう」ということになった。2004年（平成16年）4月のことである。

　第1回は東京で開いた。私が英和辞典を使った指導について話し，田尻先生が和英辞典を使った指導について話された。120人ほどの参加者の中に他府県の先生方の姿が多かったことが印象に残っている。その第1回に参加された先生方の中から，次々と「私の県の先生方にも同じ話を聞かせてください」という申し出があった。あれから5年半が経過した。この間に辞書指導ワークショップを行った都道府県は32を数える。これまでに参加された先生方の数は約2800人にも上る。1人の先生の後ろに100人の生徒がいるとしたら，28万人の生徒が辞書を使い始めたことになろうか。たった2人から始めた運動だが，大きなうねりとなって全国に広がっているのを感じる。参考までに第6節に過去の開催地と参加人数，およびご当地言葉によるキャッチフレーズを掲載する。

第2節　辞書指導の始め方

1．中学生にやさしい辞書

　中学生用の辞書についての私の考えを，第21回辞書指導ワークショップ沖縄会場のトークから拾ってみた。「大人の論理」を捨て，「中学生の視点」から，使いやすい辞書，早く確実に引ける辞書が必要ではないだろうか。

　チャレンジの英和と別の辞書をどこのページでもいいんで開けて比べてみてくれますか。パッと見てまず違いがわかると思うんですけど，何が違いますか。見出し語の大きさが違う？　他はどうですか？　イラストが多い。他には？　カタカナがふってある。はい，他には？　アルファベットの文字が全部書いてある，毎ページ。いい所見つけましたね。中学1年生って「ABCDEFG」って言いながら見るんですよね。そういうのも工夫ですね。

　他には？　よく左上と右上にあるやつ（辞書の「柱」）は左袖と右袖に書いてあります。しかも全部の文字ではなくて最初の3文字だけ。見やすくなってると思うんですけどね。

　要するに速く目的のことばにたどり着かせようというのがひとつなんですね。速く引けないから嫌になっちゃうんですよ。速く引けるように作ろうってことで，そして見逃さないように引かせようってことなんですよね。

　もっと気がつきませんかね，何か。見出し語。見出し語はどうですか。すべての単語についてポイント同じですよね。同じポイントで書かれてますよね。ほかより大きな文字で書かれているってやつはないんですよね。普通の辞書見ると基本語に関しては大きな字で書いてあったりとか，あるいは赤を使ってたりしていませんか。これは大人の発想なんですよね。大事な単語だから大きくしてやろうとか，赤くしてやろうとか。

　つねづね辞書指導やってみて，子どもたちに引かせると，「先生，僕の辞書にないです」とか言うんですね。「こんなに大事な単語がないわけないでしょう，よく探せ」とか言って。決定的だったのはcan。助動詞canを引かせたときに，「先生，僕の辞書にありません」って言う。「僕のも載ってません」とかね。「我輩に辞書はない」とかそう言うやつもいたし。「どれどれ」って一人の生徒の横に座って，彼の指先を追ってみたんですよ。そしたら確かに通ってるんだけど，通り過ぎちゃうのね。なぜかっていうと，人間の目って全ての物を見るわけじゃなくて，例えば検索するときにこれくらいの大きさの活字，黒い活字で書い

てあるはず，というふうに見れば，大きなポイントの文字は通り過ぎるんですよ。
　それから黒い文字って頭があれば赤い文字は飛ばすわけですよ。もちろん上級学年になって大事な単語ほど大きく書いてあるとか，赤を使っている可能性があるぞってわかればまたそのときに学習するんでしょうけども，初学者は黙っていれば飛ばしちゃうんですよ。「あっ，そうなのか」ということで，せっかく基本的な語彙を引かせても，そこを飛ばしちゃったり「ないよ」とか言ってるんだったら意味がないのでね，「ポイントは大きなものを使うな」「赤を使うな」ってことを辞書改訂の際に言いました。
　それから「辞書の命」って何でしょうね？　例文？　大人の辞書の売り物って何ですか？　そうですよね，収録語数ですよね。何かの機会に引いたときに，自分の会社の辞書に載ってないなんて恥もいいとこですよね。だからなるべくたくさん，何万語っていってね。
　だけど中学生にとっての命っていうのは速く引けることだと思うので，そんなに語彙数いらないんですね。だからもっと，どんどん減らそうってことで，（『チャレンジ英和辞典』編者の）橋本先生が私に命令したのは２割削減。私は，先ほど言った研究部でずっと語彙指導をやってますので，３年間でこんなもの出てこないだろうっていうものをバンバン切っていきました。ですから高校生用の読み物を読んでいて，この辞書を使うと載ってないのがけっこうあったりします。でもそれは高校生用に作っているわけじゃないのでね。速く引けるために内容を減らしたってことです。

２．辞書指導の約束事

　以下の４項目は，１年生の４月〜６月という，初期の辞書指導の方法である。この時期には，生徒が辞書に慣れ，身近なものとしていつも活用できる状態になることを目標とする。

辞書指導の約束事(1)
辞書指導は1年1学期アルファベット小文字導入直後から

　辞書指導は，1年1学期アルファベット小文字導入直後から始める。辞書を使うこと自体が小文字の定着を促進するので，小文字の定着を待つ必要はない。1年生ではまず文字を導入するが，生徒は文字をなかなか覚えない。もっと速く覚えてもらう方法を考えたとき，「文字が認識できる＝辞書を引ける」「辞書を引ける＝文字がわかる」と気づいた。

　私も以前は，辞書指導を1学期の期末テスト終了後にやっていた。期末テストは6月の末または7月の初めに終わり，夏休みまでの間は比較的時間に余裕があるため，その時間に筆記体の練習や辞書指導をやっていた。これを生徒の側から見るとどうだろう。生徒たちは，英語の授業というと1年1学期の1時間目から辞書を持ってくる。しかし，授業で辞書は使わない。次の時間，生徒はまた辞書を持ってくるが，やはり授業で辞書は使わない。それが続くうちに，辞書を持ってくる生徒が一人減り二人減っていく。そして，辞書を持ってくる生徒が誰もいなくなったころに，教師が「よし，今度辞書指導やるから持ってこいよ」と言って，持ってこないと怒るのだ。「あんなに言ったのに持ってこない」と。しかし，これは生徒の気持ちを考えると「あんなに持ってきたのに使ってくれなかったから」ではないだろうか。

　生徒たちが「さあ，英語をやるんだ，楽しみだな，どうやって辞書を使うんだろう，どうやって引けばいいんだろう」と一番興味があるときに辞書指導をすればよい，と私は考える。しかも「文字が認識できる＝辞書を引ける」「辞書を引ける＝文字がわかる」ということだから，辞書指導は1年1学期から始めるべきだ。

　辞書を使う時間は，1年1学期は毎時間作る。最初は生徒が一生懸命辞書を持ってきているのだから，必ず1時間に1回は引くチャンスを与えてあげるとよい。毎時間少しずつでかまわない。2学期以降は辞書で用法を確認したほうがいい語をピックアップし，それを引かせる。いったん生徒が辞書の有用性を認識すれば，生徒は自主的に辞書を使うようになり，「先生，この単語どういう意味？」という質問はなくなっていく。

第4章●辞書指導

ポイント
・辞書指導は，1年1学期アルファベット小文字導入直後から始める
・辞書を使うこと自体が小文字の定着を促進するので，小文字の定着を待つ必要はない
・生徒たちが一番興味があるときを逃さずに辞書指導をする
・最初は，毎時間辞書を使う場面を作る

辞書指導の約束事(2)
辞書は常に手元にあって,自分で使いやすくさせる

「辞書は2冊用意し,1冊は学校,もう1冊は家に置こう」と指導している。なるべくお金をかけないようにしたいので,1冊は小学校の卒業記念でもらったものを使用し,もう1冊は兄・姉などにもらうようアドバイスしている。近所に卒業生の先輩がいれば,中学生用辞書は高校では使わないのでそれをもらうように言っている。また,3年生には,「みんなが3年間使った辞書は近所の新入生にあげてほしい」「もし近所にいなければ,学校に置いていってください」と言っている。

兄・姉や先輩の辞書にはあちこちに赤丸がついていたり線が引いてあったりするので,「ああ,勉強したんだな」とわかる。「自分もがんばるぞ」と意欲が湧く。また,英語教室には,生徒が辞書を置けるスペースを作るようにしている。

辞書を大事にするとは,どういうことだろう? たとえば,いろいろな意味がある単語は何回も引く。takeであれば,どの辞書でも数ページにもわたって記述が続く。つまり,1ページ以上記述がある語には意味が多く,その単語は何回も引く可能性があるということだ。何回も引く可能性がある語は,すぐに引けるようにしておきたい。付箋を貼る,ページの端を折る…。私は,get, take, have, makeなどの基本動詞はページをくしゃくしゃにしてしまう方法をすすめている。くしゃくしゃにしておけば,自然にそのページが開くようになるからだ。最近ではすぐに引けるようにインデックスシールを作って辞書や教科書に貼らせている。

インデックスシールに掲載した項目は次の通りである。
電話,買い物,道案内,家族,時刻,日付,季節,数,天気,学校の教科名,学校行事,スポーツ,食べ物／飲み物,野菜,色,be, come, get, go, have, make, take, 不規則動詞（変化表）

辞書を大事にするということは,きれいに使うことではなく,たくさん使うことだ。自分なりに使いやすくカスタマイズし,たくさん辞書を使ってあげることが,辞書を大事にすることになる。

> 「英和辞典早引きインデックス」の使い方
>
> 「単語の音はわかるんだけど，つづりがわからない！」「何度も開くページを速く引きたい！」 そういうときには，この「英和辞典早引きインデックス」が役に立ちます。よく使うページに貼ってください。探すページがすぐに開けます。そうして何度も辞書を引くことで，英語力の土台になる語彙力がどんどんついていくのです。
>
> 　〜「英和辞典早引きインデックス」を貼ると便利なページ〜
> ・つづりがわからなくてよく困る単語がまとまってのっているページ
> 　「数」「科目」「色」などの一覧がのっているページが便利です。単語のつづりはすぐに覚える必要はありません。何度か引くうちに無理しなくてもつづりを覚えることができるでしょう。
> ・何度もくり返して引く，重要な動詞や不規則動詞の一覧のページ
> 　大切な語は何度も引いて身につけましょう。
> ・英語が使われる場面の表現がまとまっているページ
> 　「電話」「買い物」「道案内」などに貼ると，自己表現にとても便利に使えます。
> ・教科書やワークブックなどの，大事な単語がまとめてあるページ
> 　「数字」「曜日」「月」「first, second, ...」などがオススメです。空白のインデックスを，あなたのアイディアでどんどん使ってみてください。

ポイント
・辞書は 2 冊用意させる
・引きやすいように辞書をカスタマイズさせる

辞書指導の約束事(3)
引いた語には印をつけさせる

　引いた単語には，赤丸や下線などの印をつけさせる。印をつけることで勉強した痕跡が一目でわかり，生徒の励みになるし，次に引くときの目印にもなる。引いた意味が第一語義ではない場合には訳語に印を，場合によっては，品詞や熟語に印をつけさせる。印があれば，もう1回引くことがあったとき，自分が過去に勉強したことが一目でわかる。

　教室で辞書を引かせる場合，単語を引けた生徒は語義を読んだあとに立ち上がらせ，教師が「Number 1, Number 2 ...」と立ち上がった順番を言うようにしている。これは，早く引けた生徒の励みになるし，教師のほうでも誰が引けていないのかがわかるというメリットがある。

　早く引けた生徒には用例を読ませ，その後，まだ引けていない生徒の手助けをさせる。その際，ページを教えないで引き方を教えるようにしている。こうすることで，クラス全体の辞書引きの速度が速くなる。

ポイント
・引いた語にはマーキングをさせる
・お互いに助け合いながらクラス全体の辞書引き速度を速くする

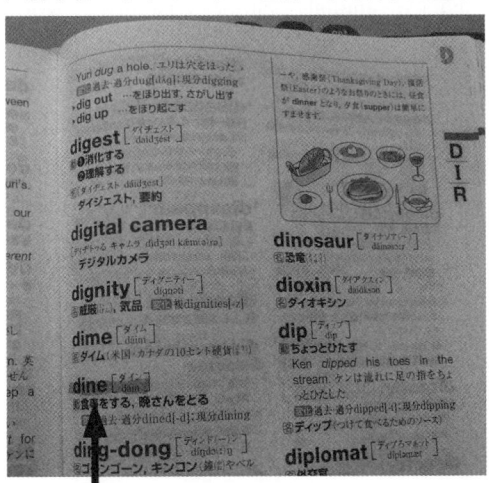

引いた語（dine）にマーカーで印がつけてある

辞書指導の約束事(4)
最初は辞書引き競争

　辞書を引くのにだいたい慣れてきたら，辞書引き競争を行う。下は，5月に1年生に配布するワークシート。前項で述べたように引けた生徒は所要時間を記入し，ほかの生徒の手助けをする。

　ワークシートに「次の単語を辞書で引いてみよう。引いたら下に□と意味を書こう」とあるが，この□は品詞をさす。幸い，ほとんどのジュニア版辞書が，品詞については 名 動 形 と示す形をとっている。したがって，私は品詞については，形容詞，助動詞といった文法用語は使わずに，すべて「四角の形(けい)」とか「四角の助(じょ)」と呼んでいる。

　1番は名詞だけ，2番は動詞だけにしてある。これら（とくに名詞）は語義的には日英のブレが少なく，間違えることが少ないからだ。3番は実際の教科書（New Crown 1年 L. 2-2）に登場する new words 全部である。いろいろな品詞が登場する。

1年生　辞書引き競争

1　次の単語を辞書で引いてみよう。引いたら下に□と意味を書こう。

単語　friend　teacher　animal　father　picture　word　moon
　　　□　　　□　　　　□　　　□　　　□　　　　□　　　□
意味

所要時間（　　）分（　　）秒

2　次の単語を辞書で引いてみよう。引いたら下に□と意味を書こう。

単語　practice　want　know　see　take　live　go
　　　□　　　　□　　　□　　　□　　□　　　□　　□
意味

所要時間（　　）分（　　）秒

3　Lesson 2-2 の単語を辞書で引いてみよう。引いたら下に□と意味を書こう。

単語　new　that　too　father　small　old
　　　□　　□　　　□　　□　　　□　　　□
意味

所要時間（　　）分（　　）秒

第3節　辞書指導の実際

1．辞書指導の中心部分

　この項では，私の現任校での2年間の実践を元にまとめたカテゴリー別リストを使って，辞書指導の中心部分について述べることにする（使用教科書 New Crown：右側の例文は教科書の本文）。どの語をどの時点で引かせたかを参考にしてほしい（ただし，（　　）つきの語は題材語）。

辞書指導の中心部分(1)
基本動詞は必ず辞書で確認する！

　have, take, get, give, make などの基本動詞はたくさんの語義を有する。それだけ使い方が多いということだ。だから必ず辞書で確認させてあげたい。辞書のいいところは例文があることだ。例文によって使われる場面がよくわかる。

　また，何度も引く語は「辞書指導の約束事(2)」で述べたように，付箋やインデックスを使ってすぐに引ける工夫をさせよう。

have（1年 Lesson 3-1）	I <u>have</u> a ball in my bag.
take（1年 Lesson 4-3）	<u>Take</u> a picture.
give（2年 Lesson 6-2）	I will <u>give</u> you some examples.

ポイント
・基本動詞は辞書で例文を読ませて使い方を教える
・付箋やインデックスをうまく使おう

辞書指導の中心部分(2)
多義語はその都度，辞書を引かせる

　ことばのやっかいなところは，外国語のある単語と日本語のことばが1対1対応になっていないことだ。言語としては当然のことだが，初学者にはこの問題はなんとも悩ましい。一度覚えた単語が，別の意味を持って別の使われ方をする。そんなときには辞書の出番である。本文に最も合う訳語を探させてみよう。

nice（1年 Lesson 2-1）	This is a <u>nice</u> kite.
then（1年 Lesson 2-3）	<u>Then</u>, what is it?
see（1年 Lesson 4-3）	I <u>see</u>.
class（1年 WORD CORNER 3）	We have music <u>class</u> today.
stay（2年 Lesson 1-3）	He <u>stayed</u> for five days.
back（2年 DO IT TALK 1）	Welcome <u>back</u> from your trip.
glass（2年 DO IT TALK 1）	Which do you want, the map or the <u>glass</u>?
station（2年 Lesson 4-1）	See you at the <u>station</u>.
save（2年 Lesson 5-3）	Then I can spend time with trees, I can <u>save</u> them, and I can <u>save</u> nature.

ポイント
・最も本文に合う訳語を見つけさせる

辞書指導の中心部分(3)
Howだけでもこれだけある！

　下のリストは，New Crown Book 1-3に出現するhowを集めたものだ。これらはどうやって区別させたらいいのだろう。生徒たちは，"How are you?"はあいさつのことばで，"How are you?"と聞かれたら"Fine, thank you."と答えればいいというくらいのことはわかっている。"How many ...?"は数を聞かれているのだという程度のことはわかるだろう。しかし，"How do you go to school?"と聞かれてしまうとどうだろう。"How is the weather?"なども同様だ。ある程度まとまったところで，辞書で確認させてあげるのも，一つの手であろう。

(1年 Lesson 4-2)	How many birds do you see?
(1年 Let's Start 1)	How are you?
(2年 USE IT 2)	How was your 'Golden Week'?
(2年 WORD CORNER 2)	How's the weather in London?
(2年 DO IT TALK 2)	How do you use it?
(2年 USE IT 4)	How about you?
(2年 DO IT TALK 4)	How much is it?
(3年 Lesson 2-1)	How do you feel about your life here?
(3年 Lesson 2-3)	How long have you painted Tingatinga?
(3年 DO IT TALK 3)	How can I get to the zoo?
(3年 DO IT TALK 4)	How about "Gandhi"?
(3年 Lesson 8-1)	I'm learning how to sign.
(3年付録 p.110)	How do you do?

ポイント
・何度か出てきたら辞書で確認させよう

辞書指導の中心部分(4)
まずは第1語義（コアとなる語義）を

　初出の単語を教えるときは，辞書の第1の語義，つまりコアとなる語義を教えることが大切だ。しかし，教科書では，new words としてある単語が出てきたときに，第1の語義で出てこない場合が多くある。私も教科書の編集に携わっているが，ストーリーの展開上，致し方ないことが多い。たとえば，以前使っていた教科書では，get はまず get up として出てきていた。生徒たちはすぐに get up =「起きる」と覚える。しかし，次に違う形で get が出てくると，もうわからない。それは get のもともとのコアの意味を教えてもらっていないからだ。get の第1義は「今まで自分のものではなかったものが手に入る，手に入れる」ということ。「up の状態を手に入れる」なので，「起きる」ということになるわけである。このことから，日本語の「目が覚める」は get up とは言わない（物理的に up になっていないから）。「起きる」だけではなく「立ち上がる」も get up と言うということもわかるようになる。turn も，コアとなる語義である「向きを変える」から考える。turn left は「左の方へ向きを変える」，turn around は「ぐるっと向きを変える」，そして，turn up は「今まで目の前にいなかったものが up の状態になるように向きを変える」=「誰かが現れる」とつながっていくのである。

turn（2年 DO IT TALK 6）　　turn off the light
keep（3年 Lesson 1-1）　　　Start here and keep cutting.

ポイント
・コアの語義をまず教える

辞書指導の中心部分⑤
辞書でニュアンスの違いを確認

　似た意味の語のニュアンスの違いも，辞書で確認するとよい。watch と see と look，learn と study，little と small，leg と foot など，中学の教科書に出てくるものだけでもかなりある。until と by は中学生だけでなく大人もよく間違える。ほかにも，road と street，hill と mountain はどう違うのか。たとえばアメリカ人とイギリス人では，どこまでが hill でどこから mountain という感覚はかなり違う。われわれが mountain だと思うものが hill と表現されたりする。こうした違いも辞書で確認するとよい。

　こうしたニュアンスの違いを知るには，例文が重要だ。例文で場面がわかるからだ。したがって，例文のないポケットサイズの辞典は中学生にはふさわしくない。ポケットサイズの辞典は，ニュアンスの違いがわかっている大人が使う辞書だ。

learn（2年 Lesson 1-3）　→ study	But he learned "Ta".
feet（2年 WORD CORNER 1）　→ leg	例文なし
foot（2年 WORD CORNER 1）　→ leg	例文なし
leg（2年 WORD CORNER 1）　→ foot, feet	例文なし
home（2年 USE IT 2）　→ house	I stayed at home.
large（2年 Lesson 3-2）　→ big	The large animals need more space.
wood（2年 Lesson 3-3）　→ tree	Because people cut down the forests for wood and for farms.
hear（2年 Lesson 4-2）　→ listen	You can hear the sounds of nature in the music.
listen（2年 Lesson 4-2）　→ hear	Listen to me.
spend（2年 Lesson 5-3）　→ use	Then I can spend time with trees, I can save them, and I can save nature.
until（2年 Lesson 6-3）　→ by	They ruled India until 1947.

その他

　inとinto，roadとstreet，duringとfor，aboveとover，nearとby，eachとevery，amongとbetween　など

ポイント
- ニュアンスの違いは日本語による「訳し分け」だけでなく，辞書で確認させて言語感覚をつけさせたい
- ニュアンスの違いは例文でつかませる

使い分け　hearとlisten

listenは聞こうと思って耳をかたむけることで，hearは音や声が自然に聞こえてくることです．

listen　　hear

使い分け　manyとmuch

manyは数が多いことを表すときに，muchは量が多いことを表すときに使います．a lot ofとlots ofは数と量の両方に使います

	数 次に数えられる名詞がくる	量 次に数えられない名詞がくる
たくさんある	many	much
少しはある	a few	a little
少ししかない	few	little

There are *many* trees in the garden.
庭には木がたくさんある
There is *much* water in the vase.
花びんに水がたくさん入っている

many coins

much money

辞書指導の中心部分⑥
前置詞がわかると英語の構造がわかる

　英語と日本語の大きな違いの一つが語順である。例えば「主語＋動詞＋目的語 or 修飾語句」は，1年生の最初から出現するから生徒も理解はしやすいが，やっかいなのは前置詞の使い方である。前置詞はその性格上，教科書の早い時期から出さざるを得ない。しかも語順が日本語と逆である。私は1年生のうちは，新語で出てくる前置詞は全部辞書を引かせている。そして「名詞の前に置かれるから前置詞と言うんだよ。だから前が出てきたら必ず後ろのことばと一緒に覚えておこうね」ということにしている。

for（1年 Lesson 3-3）	It's for soft tennis.
with（1年 Lesson 4-3）	We live with nature.
near（1年 DO IT TALK 2）	It's near the shop.
under（1年 DO IT TALK 2）	Under the stairs.
of（1年 Lesson 5-1）	He is a singer of folk songs.
by（1年 Lesson 8-2）	The person is by the tree.
without（1年 Lesson 8-3）	It's difficult without a hint.
during（1年 DO IT WRITE 2）	What did you do during the winter vacation?
among（2年 Lesson 1-1）	It is popular among my friends.
along（2年 DO IT TALK 3）	I'm going to ride my bike along the river.

ポイント
・前置詞の使い方に注意させる

辞書指導の中心部分(7)
辞書を縦に読んでつづりをマスター

「kn で始まる単語は k を発音しない」ということはご存じだろう。では，中学生が知っていそうな kn で始まる単語はどんなものがあるだろう。授業中で辞書を引かせるとすると，最初に生徒が出会う kn で始まる単語はおそらく know だろう。know の初出のときに生徒に辞書で know を引かせ，そのときに，know を引かせるだけでなく，「kn で始まってることばでみんなが知ってることばはどんなのがある？ 言ってみて」と促すとよい。すると，「ドアをノックする」の knock などが出てくるだろう。knife や knob，knit，knee なども出てくるかもしれない。格闘技が好きな生徒は，ニードロップやニーキャップというカタカナ語と関連付けるだろう。

wr で始まる単語で代表的なものは，やはり write だろう。これも know と同じように辞書を引かせ，wr で始まる知っている単語を挙げさせたい。「ラッピングする」の wrap，「リストバンド」の wrist，そして wrestling などが出てくる。また，最近ポピュラーになったことばに，「クリスマス・リース」があるが，このリースも wr で始まり，wreath とつづられるということをご存じだったろうか（恥ずかしながら，私はつい5，6年前に知ったことだが）。こうした作業は，辞書を縦に読むという作業になる。辞書を縦に読むといろいろな発見がある。語彙を増やすのにはとてもいい方法だ。

know（1年 Lesson 3-3）	I don't know the game.
wrestle（3年 Lesson 5-1）	There will be many things to see: horses running in races and people wrestling in Mongolian sumo matches.

> kn- と wr- の思い出
>
> 　小学生のときにテレビでボクシングの試合を観ていて，ノックアウトのシーンになると，「K.O.」という文字が出てきた。私は，なぜノックアウトが N.O. ではないのか不思議に思った。そこで，友人にそのことを伝えると，「バカだな北原，N.O. だったら長島と王だよ」と言われ，野球とボクシングで何か区別するのかと思ったりした。
>
> 　また，これも小学校のときに「世界レスリング協会，WWWF」になぜＬもＲも出てこないのか不思議に思っていた。後年，wrestling のつづりを知って「レスリングってｗから始まるんだ」と納得したものだった。

ポイント

- 辞書を縦に読むことを教える
- カタカナ語を手がかりに英語を取り込む

辞書指導の中心部分(8)
紛らわしい語の違いは辞書で

　意味が少しずつ似ていて、日本人には違いがわかりにくい語がある。例えば、another, other, the other, others, the others。これらは教科書内で対比して習うわけではない。辞書にはたいてい、これらの語は、コラムなどで比較して説明してあり、違いが納得できる。

　また、bring と take など、日本語訳だけで考えるといつまでもその語が示すところを理解しがたい。

　さらに、生徒がよく間違えるのが ing 形と ed 形。こういったものも、折に触れ、辞書の例文で確認し、状況を思い浮かべながら違いをつかませたい。

fun（1年 Lesson 3-3）	→ interesting	It's <u>fun</u> and easy.
another（3年 Lesson 1-2）	→ other, the other	Can you show me <u>another</u> trick?
exciting（3年 Lesson 3-2）	→ excited	And the music was more <u>exciting</u>.
surprised（3年 Lesson 3-3）	→ surprising	I was <u>surprised</u> at its size.
shocking（3年 Lesson 7-3）	→ shocked	That's a really <u>shocking</u> photo, Kumi.

第3節 ●辞書指導の実際

> 「辞書指導ワークショップ in 沖縄」のトークから
>
> 　紛らわしい語。これ紛らわしいですね，another, other, the other, others, the others。どう違うんですかこれ。困りますよね。それから bring と take はどう違うんですか。take はこっちから「持ってテイク」とかね，「連れテイク」とか言うけど。bring は逆だ，とか言ってね，向こうからこっちへ「持ってくる，連れてくる」。ということは，じゃあ「今度パーティやるけど，なに持っていく？」はどっち？　どっちですか。"What will you take / bring to the party?"，どっち？　bring？　なんで？　主体がこっちにあるからでしょ。パーティが主体だからでしょ。主体のところに持ってくるから bring ですよね。そういうことも辞書には書いてある。書いてない辞書もあります。
>
> 　ではどんどん行きますよ。あとよく間違えるのが ing 形と ed 形。exciting と excited。これは二者択一なのに必ず間違えますよね。"I was exciting." なんだよ，どうかしちゃったのかよ，おい，みたいなね。なんで間違えるんだろうね。2つに1個しかないのにね。surprising と surprised もそうですね。

ポイント

・紛らわしい語は辞書の例文で確認させる

辞書指導の中心部分⑨
隣り合う単語の両方とも知っていても意味がわからないときは phrasal verbs を疑う！

　phrasal verb ということばがある。日本人は苦手な分野だ。例えば，take と place の両方とも知っていても take place の意味がわからない。どっちの語を引いたら載っているのか。それは語と語の結びつきが強ければ，どっちを引いても載っていると思う。ほとんどの辞書では動詞の方を引けば間違いなく載っているが，take はたくさん語義があるので探すのに時間がかかる。phrasal verbs は通常，すべての動詞の語義の一番後に書いてある。そのことを教えないと生徒は気がつかない。電子辞書を使っているたいがいの生徒は，phrasal verbs にたどり着かない。

get up（2年 USE IT 1）: What time did you get up this morning?

ポイント
・知っている語が並んでいて意味がわからなかったら phrasal verbs を疑う
・phrasal verbs はすべての語義の一番後に書いてある

辞書指導の中心部分⑩
日本語に訳しにくい語は例文と一緒に

　leave や afraid はちょっと日本語に訳しづらい。他には every, each, any, some, even など１年生で習う語が曲者だ。いくつもの語義を覚えるより辞書を引いた方が話が早い。

every（１年 Lesson 3-2）	I practice it <u>every</u> weekend.
any（１年 Lesson 4-2）	Do you see <u>any</u> birds?
some（１年 Lesson 4-2）	I see <u>some</u> plastic bags too.
each（１年 Lesson 8-1）	We help <u>each</u> other.
anyone（２年 Lesson 1-1）	Does <u>anyone</u> know?
thing（２年 DO IT TALK 2）	We carry <u>things</u> in it.
put（２年 DO IT TALK 4）	I'll <u>put</u> it in a box.
share（２年 Lesson 5-3）	Third, plants, animals and humans ― all living things <u>share</u> the earth.
wear（２年 Lesson 6-1）	What's she <u>wearing</u>?
hope（２年 DO IT WRITE 2） → afraid との違い	I <u>hope</u> to see beautiful mountains in New Zealand.
leave（３年 Lesson 3-1）	If you <u>leave</u> a little, it means you are full and happy.
even（３年 Lesson 6-2）	There were <u>even</u> drinking fountains that they could not use.

ポイント
・訳語に頼るのではなく，例文で使い方を教える

85

辞書指導の中心部分⑪
品詞がわかると語彙が増える

　語彙を増やすためには，英語の語の成り立ちを知っていると早い。free ということばを知っている状態で，freely が出てきたら，「名詞を修飾する形容詞に ly がつくと，動詞を修飾する副詞になるんだ」のように考えたら話が早くなる。ほかにも，nature と natural のように「名詞に al がつくと形容詞になる」などがある。「なるほど」とわかれば，生徒は覚えやすい。こうして品詞がわかってくると，語彙がぐっと増えてきて楽になる。知らない単語があっても自分で推測できるようになるからだ。「辞書を引いたら前後を見なさい」と指導すると語彙の拡充になる。

nature（1年 Lesson 4-1, 3）→ natural	At a Nature Park（L. 4 タイトル）
	We live with nature.（L. 4-3）
dancer（1年 Lesson 5-1）→ dance	She is an *Eisa* dancer.
dance（1年 Lesson 5-1）→ dancer	She is in the dance club.
speech（2年 Lesson 5-1）→ speak	例文なし
life（2年 Lesson 1-1）→ live	Let me tell you about my life in Australia.
danger（2年 Lesson 8-1）→ dangerous	They are danger signs.
imagine（2年 Lesson 8-2）→ imagination	I can imagine that.
(weaken)（3年 Lesson 7-3）→ weak	The weakened child was dying.

ポイント
・目的の語を見つけたら，その前後も見るように指導する

辞書指導の中心部分⑿
英語の難しさである多品詞語は辞書で確認させよう

　複数の品詞を持つ語は非常に多い。特に名詞はすべて動詞として使われると思いなさい，と私は指導しているくらいだ。一番極端な例がasである。いったいいくつの品詞があるだろうか。多くの品詞を持つということは，非常にいろいろな使われ方をしている語だということだ。逆に考えると，1つの語を覚えると複数の使い方ができる便利な語ということになるかもしれない。

　生徒にとって，既出の語でも使われ方が違えば（品詞が違えば），新出語と同じように扱わなければならない。その際には，辞書を活用して既習の品詞と新出の品詞を対比させてやる必要がある。例えば，favoriteという語は形容詞として1年生で出てくることが多いが，次の文例ではどうだろうか？　This is a new type of strawberry cake. It is my favorite. ここでのfavoriteはもはや形容詞としてではなく，名詞の「お気に入りの品」という意味で使われている。my favorite cakeとの違いを辞書を使ってつかませたい。

right（1年 Lesson 1-1）	You are from China.　Right?
favorite（1年 Lesson 5-2）	This is my favorite picture.
before（1年 DO IT TALK 3）	On Saturday evening before dinner.
hard（1年 Lesson 6-3）	Mio works very hard.
well（1年 USE IT 8）	Can you play basketball well?
like（2年 Lesson 1-1）	Like many people in Australia, I love sports.
clean（2年 Lesson 2-1）	Washi needs clean water.
(fan)（2年 Lesson 2-1）	We made uchiwa fans with the washi.
plan（2年 USE IT 3）	Plan for Tomorrow
free（2年 Lesson 4-1）	Emma, are you free after school?
after（2年 Lesson 4-1）	Emma, are you free after school?
plant（2年 Lesson 5-3）	Third, plants, animals and humans — all living things share the earth.
excuse（2年 DO IT TALK 5）	Excuse me.
light（2年 DO IT TALK 6）	turn off the light
since（3年 Lesson 2-1）	I have lived in this town since 2003.

第4章●辞書指導

ポイント

・辞書を引いたら語義だけでなく，品詞にも注意を払わせる

＊＊excuse ［イクスキューズ ikskjúːz］

動 ❶許す
He *excused* Ken's error.
彼はケンのまちがいを許した
Excuse me for being late.
おくれてすみません

❷免除(めんじょ)する
Mother *excused* me from cooking.
母は私に料理をしなくていいと言った

変化 三単現excuses[-iz]；過去・過分excused[-d]；現分excusing

▶**Excuse me.** 失礼ですが；すみません
Excuse me, but what time is it now?
失礼ですが，今何時でしょうか
Excuse me?
すみません，何とおっしゃいましたか

"Excuse me."
"Yes?"
あの，ちょっと——はい，何でしょう？

プラスワン **いろいろな excuse me**
excuse me にはいろいろな使い方があります．
❶知らない人に話しかけるとき
Excuse me, where is the police box?
すみません，交番はどこでしょうか
❷謝るとき（不注意など）
Oh, *excuse me*! (I stepped on your foot.)
ごめんなさい．（足をふんでしまいました）
❸席をはずすとき
Excuse me. I'll be right back.
ちょっと失礼します．すぐもどります
❹聞き返すとき
Excuse me? え？ 何ですか？
❺道を空けてもらいたいとき
Excuse me, I'm getting off here.
すみません，ここで降ります．

▶**May I be excused?** （席をはずすときに）ちょっと失礼

名［イクスキュース ikskjúːs］
言い訳，口実，弁解
That's no *excuse*.
それは言い訳にならない
He made an *excuse* for being late.
彼は遅刻(ちこく)の言い訳をした

第3節●辞書指導の実際

辞書指導の中心部分⑬
接頭辞・接尾辞の意味を教えて語彙を増やしてやろう

　接頭辞や接尾辞を知っていると，また語彙の広がりができる。授業では例えば useful が新語として出てきたら，「他に語尾に ful のつく語は？」と問いかけてやるとよい。クラス全体で既習の語が出されるだろう。既習の語を思い出すだけで語彙の定着は強固になる。

　例えば1年生のときに useful という語を指導した。そして2年生になって wonderful を指導するときに，辞書で wonderful を引かせて wonder の品詞を確認させる。動詞と名詞の両方があるが，ここで1年生で習った useful を引かせて use [ju:s] の品詞が名詞であることに気づかせると，「名詞 + ful」＝形容詞で「〜がいっぱい」という意味になることがわかる。そして既習語の color, power, care, beauty に語尾の ful をつけて colorful, powerful, careful, beautiful になることを知れば，語彙が自然に増えることを実感するだろう。

use<u>ful</u>（1年 Lesson 7-2）	It's <u>useful</u>.
wonder<u>ful</u>（2年 DO IT TALK 2）	<u>Wonderful</u>.
cloud<u>y</u>（2年 WORD CORNER 2）	例文なし
rain<u>y</u>（2年 WORD CORNER 2）	例文なし
wind<u>y</u>（2年 WORD CORNER 2）	例文なし
snow<u>y</u>（2年 WORD CORNER 2）	例文なし
(music<u>ian</u>)（2年 Lesson 5-1）	Akira wants to be a <u>musician</u>.
easi<u>ly</u>（2年 Lesson 8-2）	Are they removed <u>easily</u>?
final<u>ly</u>（3年 Lesson 1-1）	<u>Finally</u>, cut along the rings.
<u>inter</u>view（3年 Lesson 2-1）	Thank you very much for this <u>inter</u>view, Ms Kileo.
(<u>un</u>equal)（3年 Lesson 6-2）	African-Americans' lives were separate and <u>un</u>equal.
<u>able</u>（3年 Lesson 6-4）	One day the sons of former slaves and the sons of former slave-owners will be <u>able</u> to sit down together at the table of brotherhood.

第4章●辞書指導

その他

　re-, mid-, non-, -ous, -ist など

ポイント
・接頭辞，接尾辞に着目させて語彙を増やす

---

u

uneasy [アニーズィー ʌníːzi]
形 ほどけた，はずれた；未完成の
形 落ち着かない，不安
She felt *uneasy* about her future.
彼女は自分の将来に不安を感じた
変化 比較 uneasier；最上 uneasiest

unequal [アニークウォる ʌníːkwəl]
形 等しくない；不平等な

UNESCO [ユネスコウ junéskou]
名 ユネスコ，国際連合教育科学文化機関 (the United Nations Educational, Scientific, and Cultural Organization の略)

unexpected [アニクスペクティド ʌnikspéktid]
形 思いがけない，意外な

unfair [アンふェア(〜) ʌnféər]
形 不公平な，不正な，ずるい

unfairly [アンふェアリー ʌnféərli]
副 不公平に

unfamiliar [アンふァミリャ(〜) ʌnfəmíljər]
形 よく知らない，不慣れな
an *unfamiliar* face 見慣れない顔

unfortunate [アンふォーチュネット ʌnfɔ́ːrtʃ(ə)nət]
形 不運な

unfortunately [アンふォーチュネットリー ʌnfɔ́ːrtʃ(ə)nətli]
副 不運にも，残念ながら
Unfortunately, it rained that day.
あいにくその日は雨だった

unfriendly [アンふレンドゥリー ʌnfréndli]
形 友好的でない，好意的でない
変化 比較 unfriendlier；最上 unfriendliest

unhappy [アンハあピー ʌnhǽpi]
形 不幸な，不運な；悲しい，心配な
(↔happy 幸福な)
an *unhappy* life 不幸な生活
She seemed *unhappy*.
彼女は不幸せに見えた
変化 比較 unhappier；最上 unhappiest

unheard [アンハード ʌnhə́ːrd]
形 聞いてもらえない；聞こえない

unicycle [ユーニサイクる júːnəsàikl]
名 一輪車

＊**uniform** [ユーニふォーム júːnəfɔ̀ːrm]
名 制服，ユニフォーム
a school *uniform* 学校の制服
Yuri wears a *uniform* to school.
ユリは学校へ制服を着ていく

union [ユーニアン júːnjən]
名 ❶結合，連合；団結
❷労働組合；同盟，組合
a labor *union* 労働組合
❸連邦，連合国家

unique [ユニーク juníːk]
形 独特の，類のない，ユニークな

unit [ユーニット júːnit]
名 ❶(全体を構成する)単位；1個，ひとり
❷(長さ・時間・重さなどの)単位
a *unit* of weight 重さの単位
❸装置，ユニット

unite [ユーナイト juːnáit]
動 一体にする，一体になる；結びつく
変化 過去・過分 united[-id]；現分 uniting

united [ユーナイテッド juːnáitid]
形 連合した，一体となった
the *United* States of America
アメリカ合衆国

＊**United Kingdom** [ユーナイテッド キングダム juːnáitid kíŋdəm]
名 《the をつけて》連合王国，英国 (大ブリ

辞書指導の中心部分⑭
数えられる語と数えられない語は教科書のターゲットになっていない

　昔は数えられる語と数えられない語は，ひとつのセクションでターゲットになっていたが，今はもうなってない。いつの間にか，数えられるものと数えられないものが同時に出てきてしまっている。だからそれは我々が教えなければならない。日本語と英語の大きく違う点の一つだからだ。辞書にそれが書かれているといいと思うが，残念ながら現在のジュニア版の辞書にはほとんど記述がない。学校には高校生用の辞書も用意しておき，数えられることば，数えられないことばがわからなかったら，生徒は高校生用の辞書を引く。高校生用の辞書には全部 C と U と書いてあるので，「C っていうのは countable だから単数なら a/an，複数なら s をつける，U は uncountable だから a も s もつけないんだよ」という指導をしている。

paper（2年 Lesson 2-1）	We made *washi*, Japanese paper, with him.
water（2年 Lesson 2-1）	*Washi* needs clean water.
fish（2年 USE IT 5）　＊通常単数形	I'll go to the supermarket to buy some fish.
fruit（2年 USE IT 5）　＊通常単数形	例文なし
news（3年 Lesson 6-3）	Martin Luther King heard this news.

ポイント
・数えられる語と数えられない語の指導も辞書を使って行うとよい

辞書指導の中心部分⑮
同じ内容を表す語

　例えば，「待って」というのを"Wait."しか言えなかったらかなり寂しい言語生活だ。「相手に待ってほしいとき」を言語機能（language function）と言い，それを表す"Wait a second."や"Wait a minute.", "Hang on."はぜんぶ言語形式（language forms）と言う。ひとつの言語機能に対して複数の言語形式を使えることが，非常に豊かな言語生活になる。だからひとつの言い方を習ったらそれだけを使うのではなく，すでに習った表現で同じ言語機能を持つ言い方もどんどん使うように励ましてあげたい。

fine（3年 DO IT TALK 2）	<u>Fine</u>. → OK. Good. Great. Perfect.
Just a minute.（1年 Lesson 4-2）	<u>Just a minute</u>. → Wait a second/moment. Hold on.

ポイント
・同じ内容を複数の言い方で言えるように指導する

辞書指導の中心部分⑯
コロケーションを大切に

　単語だけをいくら指導しても，単語テストをやっても，実際に使えるまでにはいたらない。その語とよく一緒に使う語(句)も一緒に指導する。例えば，same という語は通常前に定冠詞 the がつき，後ろには名詞がくる。own という語は前に所有代名詞がきて，後ろには名詞がくる。the same watch, my own desk といったコロケーションでインプットする。

moon（1年 Lesson 2-3）	＊通常 the がつく	It's '<u>moon</u>'.
tell（1年 Lesson 6-1）	＊後ろに人＋物	The dog <u>tells</u> her, "Someone is at the door."
(schoolyard)（2年 Lesson 1-2）	＊school ＋コロケーション	In the <u>schoolyard</u>.
own（2年 Lesson 7-2）		But we need to do our <u>own</u> research too.
same（3年 Lesson 1-2）	＊通常 the がつく	Are our rings the <u>same</u>?

ポイント
・単語だけでなく，前後につく語(句)も一緒に指導する

辞書指導の中心部分⑰
冠詞のあるなしで意味が違う

　冠詞のあるなしで意味の変わる語がある。どちらも辞書でニュアンスの違いを確認する。対比させて指導したい。例えば，3年生に対して <u>Most</u> of the students liked the story. と <u>The most</u> students liked the story. とではどう意味合いの違いが出るのかを話してやるのは，語彙センスを磨くよい訓練だ。

　1，2年生では Today is <u>the last</u> Sunday of the summer vacation. と <u>Last</u> Sunday I went to Okinawa. の違いならわかりやすいだろう。

a few（3年 Lesson 2-1）　＊few なら否定的　　May I ask you <u>a few</u> questions?
a little（1年 Lesson 8-1）　＊little なら否定的　So I can speak it <u>a little</u>.

ポイント
・冠詞のあるなしに注意させる

辞書指導の中心部分⑱

英語文化の記述も辞書にある

　英語圏の人々の文化の説明も辞書に書いてあるので，教師があれこれ説明するよりも，それを見せた方が話が早い場合が多い。例えば一日の区分は日本では朝昼晩の3つだが，英語圏では morning, afternoon, evening, night の4つである。

　日本では「米」「ご飯」「稲」など細かい分類があるが，英語ではどれも rice ですます。日本では「五月雨」「霧雨」など雨を表すことばが多いが，英語では breeze, gale など風を表すことばが多い。finger は手の親指を除く8本のことをさし，足の指は finger ではなくてまとめて toe と言うなども，文化の違いからである。

evening（1年 DO IT TALK 3）	On Saturday evening before dinner.
rice（2年 Lesson 1-2）	I liked the curry and rice.
morning（2年 USE IT 1）	I cooked breakfast in the morning and played tennis in the afternoon.
afternoon（2年 USE IT 1）	I cooked breakfast in the morning and played tennis in the afternoon.
night（2年 USE IT 1）	What time did you go to bed last night?
finger（2年 WORD CORNER 1）	例文なし

ポイント

・辞書には読むべき箇所がある

辞書指導の中心部分⑲
連語・熟語はまとめて覚えれば使える

「辞書指導の中心部分⑯」のコロケーションに近いが，複数の語がまとまって決まり文句のように一つの意味を表すことがある。それらを連語とか熟語とか言うが，これらをたくさん知っているということは，話すときも書くときもすぐに言いたいことが出てきて便利である。また長文を読むときに大きな力にもなる。

連語・熟語は辞書を引かせると生徒によって引く語が違う。例えば，have a good time では a や good を引く生徒はいないが，have を引くか time を引くかでは時間のかかり方がずいぶん違う。多義語の have の項目の中から have a good time を見つけ出すのは大変だが，time の項目から have a good time を探すのは簡単そうである。しかし「動詞＋名詞」の連語・熟語を引く場合，一般的に言って名詞を引く場合は，その名詞が動詞との結びつきの度合いが強ければ辞書に記載されているが，そうでなければ記載されていない。

その意味で，時間はかかるが動詞を引けば確実に見つけることができる。辞書指導の際に，「連語・熟語はすべての動詞の語義のさらに後ろにある」と指導しておくと見つけるのに時間がかからない。

have a good time（1年 Lesson7-1）	They are <u>having a good time</u>.
each other（1年 Lesson 8-1）	We help <u>each other</u>.

ポイント
・連語・熟語はなるべくたくさん覚えよう

辞書指導の中心部分⑳
副詞の位置を確認させる

　語によっては置かれる場所が決まっているものがある。また強調するときに変わるものもある。副詞の位置については一様ではないので，教科書の本文では不足しがちになる。ぜひ辞書で多くの英文を参照させたいものだ。

too（1年 Lesson 2-2)	Is that your cup <u>too</u>?
often（1年 Lesson 3-1)	I <u>often</u> play it.
also（1年 Lesson 5-3)	Daichi is <u>also</u> nice.
sometimes（1年 Lesson 5-3)	Do you <u>sometimes</u> go to Okinawa?
ago（1年 Lesson 9-2)	The Trust started over 100 years <u>ago</u>.
always（2年 Lesson 1-2)	We <u>always</u> eat lunch in our classroom.
usually（2年 Lesson 1-2)	But students in Australia <u>usually</u> eat outside.

ポイント
・決まった位置に来る語を指導する

辞書指導の中心部分㉑
その他の注意すべき語

　以上の項のカテゴリーには当てはまらないが，授業で生徒に引かせた語をあげる。語の右側の「形容詞」「省略」などの日本語は，指導のポイントである。

easy（1年 Lesson 3-3）	形容詞	It's fun and easy.
ready（1年 Lesson 4-1）	形容詞	Is your group ready, Ratna?
PE（1年 WORD CORNER 3）	省略	例文なし
work（1年 Lesson 6-3）	発音	Mio works very hard.
more（1年 Lesson 6-3）	語義	But we need more.
can（1年 Lesson 8-1）	助動詞	So I can speak it a little.
mean（1年 Lesson 8-2）	語義	They mean 'person' and 'tree'.
person（1年 Lesson 8-2）	語義	They mean 'person' and 'tree'.
meet（2年 Lesson 1-2）	不規則動詞	I can meet friends from other classes.
breakfast（2年 USE IT 1）	他の食事	I cooked breakfast in the morning and played tennis in the afternoon.
(web)（2年 Lesson 2-1）	語源	School Web Report（L.2タイトル）
research（2年 Lesson 7-1）	発音	Let's do research and find out.
roof（2年 Lesson 7-3）	↔ basement	There are many plants on this roof.
happen（3年 Lesson 1-1）	→ happening	What will happen to the rings?
should（3年 DO IT TALK 3）	助動詞	Where should I get off?

辞書指導の中心部分㉒
辞書は例文の宝庫

　生徒に作文をさせてみると，素晴らしい表現に出会うことが少なくない。「誰に教わったの？」と聞くと「辞書にありました」という答えが返ってくることも多い。どれどれ，と見てみると確かにある。だから，例文が中学生にとって身近な辞書を選んで使わせたい。

ポイント
・例文があるからこそ辞書と言える。だから例文を読ませよう

辞書指導の中心部分㉓
レファレンス(参考書)として辞書を活用させよう

　辞書とは意味を引くだけのものではない。生徒にとってはいろいろ参考になるページがある。例えば，『チャレンジ英和辞典』の真ん中あたりにあるピンクのページには，スポーツ名などあるカテゴリーに属する名詞の一覧がある。また，「お礼を言う」などの言語機能ごとのページもある。さらに，「買い物」など場面ごとの表現がまとまっているページもある。巻末には1年生の教科書には載っていない不規則動詞の活用表もある。これらの役に立つページを生徒に積極的に使わせたい。

ポイント
- オリジナルの表現には辞書を参考書として使う。そのためには，教師は辞書のどこにどんな情報が書かれているかを指導する。

辞書を使って豊富なアウトプットを

　以下は2009年2月に，1年生が30分で作ったオリジナル電話スキットで，全15ペアが使った電話表現のバラエティである。身近な辞書を使ってこれだけの変化のあるアウトプット活動が可能なのである。(*印は教科書にある表現)

●電話をかける
Hello. *
This is ～. *
●電話を受ける
Speaking. *
Who's calling, please?
Sorry, he's out now.
●相手につないでもらう
Can I speak to ～, please? *
May I speak to ～, please?
Is ～ in?
●聞き返す
Pardon?
Sorry?

●待ってもらう
Hold on, please.
Just a minute.
Wait a minute.
●かけ直す
I'll call again.
I'll call back.
●その他
Let me see.
Thank you for (your) calling.

辞書指導の中心部分㉔
つづりは辞書で確認

「先生，pineappleのつづりを教えて」とはよく生徒に言われる質問である。そんなとき，私はこんなふうに指導する。

  T：パインってどうつづる？　最初の文字は？
  S：パだからpかな。
  T：じゃあアイは？
  S：aiかな。
  T：aiだとエイって発音されるよ。
  S：じゃあiか。
  T：次にパインのンは？
  S：nかな？
  T：3つ並べると？
  S：pin。
  T：そこまでわかったらもう辞書を引けるよ。引いてごらん。

ポイント
  最初の3文字がわかれば辞書は引ける。

2．辞書をよく使わせる教材

　教科書の新しいセクションに入る前に，ENGLISH EXPRESS という家庭学習用プリントを配布している。本文に関して新出文法・文型と新出語を除いて問題が作られており，生徒は既習事項（語，文法）について確認（復習）するものだ。新セクションの本文内容もある程度理解できるようになる。問われる箇所は既習事項なので，辞書や教科書を調べれば，ほぼすべてができるように作られている。それにより，語彙を広げ・深め，定着することに役立つようになっている。また，上位の生徒のために発展的でチャレンジングな問題も含まれている。語彙や文法事項がある程度たまった2年から行う（以下に掲載するのは，1年の最後のレッスンに紹介を兼ねて配布したもの）。

　いま，教科書は薄くなっているので，なかなか語を復習することができない。教科書である単語が出てきても，それが次に出てくるのはいつだろう？1回だけで二度と出てこないことも多い。そこで，例えばJanuary が出てきたら，そこで2月から12月まで全部書かせる。このように，既習語をもう一度復習しようというのが ENGLISH EXPRESS だ。ほかにも，数字があれば必ずスペルアウトさせる。day が出てきたら今度は month と year を必ず書かせる。こういうしつこい繰り返しを意図的に組み込んでいかないと，子どもたちに力はつかないし，語彙力も伸びない。

```
┌─────────────────────────────────────────────────────────┐
│              ENGLISH EXPRESS 2009                       │
│  No. 1                                   第１学年英語      │
│            １年（ ）組（  ）番 _____             │
└─────────────────────────────────────────────────────────┘

                   Lesson  9 - 1

┌─────────────────────────────────────────────────────────┐
│                                          15 January     │
│                                          ①   ②          │
│  Dear Ken,                                              │
│    Thank you for your letter.  I received it yesterday. │
│     ③    ④  ⑤   ⑥                                       │
│    You asked me about Peter Rabbit.  He lived in the Lake District. │
│    ⑦      ⑧  ⑨                    ⑩    ⑪                │
│    Last summer I visited the Lake District with my family.  I enjoyed it │
│         ⑫                               ⑬  ⑭  ⑮             ⑯ │
│  very much.  It is a very beautiful place.              │
│   ⑰         ⑱    ⑲   ⑳                                   │
└─────────────────────────────────────────────────────────┘
```

①15
　アルファベットで書きなさい。_____　← 下線には英語を
　　　　　　　　　　　　　　　　　　　　　　　　　　入れる

②January「　　　」←「　　」には日本語の意味を入れる
　月の名前を全部書きなさい。
　_____
　_____

③Thank you for ～.「～をありがとう」

④your「　　　」←「　　」には日本語の意味を入れる
　「あなたは」は？ _____　「あなたを」は？ _____
　「あなたのもの」は？ _____　(p.102) ← ヒントのあるページ

⑤I
　「私の」は？ _____　「私を」は？ _____
　「私のもの」は？ _____　(p.102)

⑥ it
　何をさすか。＿＿＿＿＿＿＿＿＿＿＿＿＿＿＿

⑦ You
　「あなたの」は？＿＿＿＿＿＿　「あなたを」は？＿＿＿＿＿＿
　「あなたのもの」は？＿＿＿＿＿＿　(p.102) ← ヒントのあるページ

⑧ me
　「私は」は？＿＿＿＿＿＿　「私の」は？＿＿＿＿＿＿
　「私のもの」は？＿＿＿＿＿＿　(p.102)

⑨ about（　　　）詞「～　　　　」← （　）には辞書で引いた〇〇詞と
　　　　　　　　　　　　いう単語の分類を入れる。(例　名　動　形　前)

⑩ He
　「彼の」は？＿＿＿＿＿＿　「彼を」は？＿＿＿＿＿＿
　「彼のもの」は？＿＿＿＿＿＿　(p.102)

⑪ in（　　　）詞「～　　　　」

⑫ summer「　　　　」
　「春」は？＿＿＿＿＿＿　「秋」は？＿＿＿＿＿＿
　「冬」は？＿＿＿＿＿＿　(p.86)

⑬ with（　　　）詞「～　　　　」

⑭ my
　「私は」は？＿＿＿＿＿＿　「私を」は？＿＿＿＿＿＿
　「私のもの」は？＿＿＿＿＿＿　(p.102)

⑮ family「　　　　」
　家族に関係する単語をなるべくたくさん書きなさい。
　＿＿＿＿＿＿＿＿＿＿＿＿＿＿＿＿＿＿＿＿＿＿＿＿＿＿＿＿＿　難
　　　　　　　　　　　　　　　　　　　　　　　　　　↑
　　　　　　　　　　　　　　　　　　　　　　　　できる人だけやる

⑯ it
　何をさすか。＿＿＿＿＿＿＿＿＿＿＿＿＿＿＿

⑰ very much「　　　　　　」

⑱ It is
　省略して1語で書きなさい。＿＿＿＿＿＿

⑲ very「　　　　」

⑳ beautiful（　　　）詞「　　　　　」

＊このENGLISH EXPRESSは，私が教員になってから一番長く，ずっと生き残っている教材だ。私は，教材を作ると学期末に必ず生徒にアンケートを取る。その学期に使用した教材を，「楽しかったか」「ためになったのか」という観点で評価するものだ。このアンケートの結果から，生徒が「楽しくない」「ためにならない」と評価した教材はどんどん捨てていく。そして，次の年に新しいものを作っていく。その中で，ずっと生き抜いているのがENGLISH EXPRESSだ。これは生徒に「楽しくはないけれど力はつく」と評価されている。

なお，Sunshine English Courseには，「スパイラル学習ワークシート」という名前で，同じものがついているので，そのまま使っていただければと思う。

3．辞書を引かせない指導

慣れてくると生徒はどんどん辞書を引くようになる。先生が「引きなさい」と言わなくても引くようになったらこっちのものだ。しかし，どこかで線を引かなければいけない。なんでもすぐ辞書に飛びつくのでは進歩がないので，「ちょっと待ってね」，「考えてみよう」，「予想してみよう」と言ってみる。そして引かせてみて「はい，予想と合っていた人，違っていた人」と聞いてみる。

また，例えばある文章を読むのに，「英検3級持ってる人は2回引いてもいいよ」「準2級持ってる人は1回しか引いちゃだめだよ」と生徒のレベル別に辞書を引かないような訓練をすることも大事なことだと思う。

日常読む英文には意味の不明な語があるのが当たり前である。そのたびに止まっては辞書を引いていては，リーディングの力は伸びない。入試の長文でつまずく生徒が多いのも，未知語で思考が停止してしまって先に進まないことが多いからだ。

第4節　辞書指導の効果

　毎学期の最後の授業では，生徒たちに英語学習を振り返ったアンケートに答えさせている。以下は，ある年に「今学期できるようになったことはなんですか」という問いへの辞書についての記述だ。この生徒たちは，3年間継続的に辞書指導を受けていた。彼らは「辞書引きが速くなった」だけではなく，「辞書を引かなくてもすむようになった」「意味の予測をするようになった」と進歩を実感している。もちろんこれは意図的に授業内で仕組んでいることで，3年間の辞書指導が活き，生徒が育った証拠だ。(下線は筆者)

3年間継続的に辞書指導を受けた生徒たちの自由記述

　　　　　　　　　　　　「後期の英語学習を振り返って」より抜粋
　　　　　　　　　（　）内は順に「前期の5段階評定」「英検取得級」

【(3年前期に比べて) できるようになったこと】
●辞書引きが速くなった
・辞書ひきが早くなりました。(3)（4級）
・辞書をたくさん使ったことによって，辞書を引くのが速くなったし，うまく使えるようになった。(5)（3級）
・辞書を引くのが上手くなった。(2)
・辞書をスムースにひけるようになった。(3)
・辞書をひくのが速くなりました。(5)（準2級）
・何故か辞書を引くのが速くなった。(5)（3級）
・辞書がさらに速く引けるようになった。(3)
・辞書は引くスピードがどんどん速くなった。(5)（2級）
・辞書を引くのが速くなった。(3)
・辞書を速く引けるようになった。(3)（4級）
・辞書を引くのが速くなった。(4)（3級）
・わからない単語を調べるとき，辞書ですぐに見つけられるようになった。(3)

●辞書を引かなくてもすむようになった

・辞書を引かなくても意味がわかるようになった。(4)(3級)
・1年の時は文章を自分で考えるのにいちいち辞書をひらいていたのがあまり辞書を使わずに英文を考えられるようになった。(3)
・辞書に頼らないことが増えた。(5)
・辞書を引く回数がだんだん少なくなった。(3)
・比較級が増え，辞書を使わなくても出来るようになった。(5)(3級)
・辞書を引く回数が減ってきた。60秒クイズを自分で覚えたり授業でやったので，たいていの熟語・連語を辞書など使わずに使えるようになった。(4)(3級)
・今まで辞書でしらべていたのに，わかる単語はぱっと意味が出てくるようになりました。先生に言われなくても辞書を使うようになりました。(2)
・辞書を使わなくても単語がわかるように勉強しようと思うようになった。(3)
・前は単語を理解できなく，辞書をつかって調べていたけど，今は辞書を引かずに意味を理解できるようになった。(4)(3級)
・自分で考えてから辞書を引くようになったので単語を書く力が少しついたと思います。(5)(3級)

●複数の語義を見るようになった／覚えた

・最近，辞書を引くことが少なくなり，楽になりました。辞書の意味は①だけでなく，②③④と他の意味まで調べるようになりました。(5)(3級)
・1つの単語の複数の意味が理解できるようになっていった。(3)
・複数の意味がある単語の意味を覚えた。(5)(準2級)

●辞書を使ってオリジナルの文が作れるようになった

・今は辞書などを使えば先生などに聞かなくても自分の文が作れるようになった。これは私にとってとってもすごいことだと思う。(4)(3級)
・辞書を使って新しい知らないことばにたどりついた時，それを上手に文に組み入れることができるようになったように思う。(5)(準2級)
・辞書でわからない単語を調べ，それを使って英文を作るようになり，自分が言いたいことを表現できるようになった。(5)(4級)
・辞書を利用して文章の意味や文章を書くことができるようになった。(2)
・長文や文法の問題で分からないことは辞書を使ってどのようにそのことばを使うのかなど自分の力だけで解くようにした。(4)(3級)

●例文を参考にした

・詩や自己紹介文を書くために辞典をたくさん使い，例文等を読み参考にしたりしました。(5)(3級)

●意味の予測をするようになった
- 教科などの新しい単語も全体を読んで単語のいみがわかるようになった。(4)（3級）
- 長文問題ではわからない単語があっても前後の文から予測できるようになったし，内容もわかるようになって読解力が上がったと思う。
- わからない単語がでてきても文脈から判断できるようになりました。(5)（準2級）
- 長文でわからない単語があっても訳せるようになった。(5)（準2級）
- 知らない単語の意味を予測することができるようになった。(5)（準2級）
- ビデオの感想文などをたくさん書いたので，自分の思った気持ち，考えを辞書で調べたくさん書けるようになった。Catch a Wave を読むとき，なるべく訳を見ないで内容をつかんで，その単語のだいたいの意味を予想しながら読むと力がつきました。(5)（3級）
- 辞書をひく前に自分で意味を予測してから調べるようになった。(3)（3級）
- むずかしい語でも意味を考えるように努めた。(4)（準2級）
- わからない単語があっても文章のだいたいの意味がわかる。だいたいの予想をつけて辞書を引ける。(5)（準2級）
- 和英辞典を使ってわからないことばを調べられるようになり，いろいろなことばを知ることができた。辞書を使って調べる前に自分でそのことばの意味を考えてから調べるなど辞書を有効に使う。(5)（3級）
- 全く知らない単語でも単語によっては最初から大体の意味がわかるようになった。(4)（4級）
- 辞書の例文を利用したりして自分の英語表現の幅を広げることができた。わからない単語があってもおおよその意味をつかめるようになった。通信教育の教材の長文で1年のころはわからない単語はすべて辞書を引いていたが，3年になってからは問題を一通り解き終わってからしらべるようにした。(5)（準2級）
- 初めての文章を読むときあまり辞書を引かなくても大体の意味をとらえられる。(5)（準2級）
- 辞書を使って英文を書く。意味の推測。辞書を速く引く。(4)（準2級）
- 英和・和英辞書の使い方が上達した。(4)
- 積極的に辞書を引くようになった。(3)（3級）
- 和英辞書が使えるようになった。(5)（準2級）
- 辞書を上手く活用できた。(3)
- 英和・和英辞典が使えるようになった。(3)

第4節 ● 辞書指導の効果

【がんばったこと】

- 辞書をひまなときにパラパラ見てました。そうするといろいろなところにとっても便利なことばや熟語があるのでそこに「ふせんをつける」，そうするとまた今度見たときにとても役に立ちました。(4)（3級）
- わからない単語があったらすぐ辞書を引くと単語を覚えることができた。(5)（3級）
- 辞書を使った。類義語などを調べた。(3)（4級）
- わからない単語がでてきたら基本的に人にたよらないで辞書を引く習慣を身につけた。(4)（3級）
- 辞書を見なくても単語を書いたり，意味が分かるようになった。(4)
- 分からない単語は辞書でしらべるとその単語を効率よく覚えられる。(3)
- 辞典を使って自分の考えたことや自分の意見を英文で書く。(5)（準2級）
- 単語に力を入れて文を書けるようにしたり，辞書を使わずに文から意味がわかるようにした。(5)（3級）
- わからない単語・熟語を辞書で調べる前に前後の文でその単語・熟語の意味を予想してから辞書を引いたら普通に引いて調べるよりも，予想してからの方が意味を覚えられた。(4)（3級）
- 辞書の例文を読んでおいたので，文法が身についた。(5)（4級）
- 辞書で例文を一通り読む。(4)（準2級）
- わからない単語はすぐ辞書を活用する。(3)（4級）
- 単語を覚えるために意味を調べたり，発音をたしかめたりしました。辞書を使いました。(2)
- 和英・英和を積極的に使った！ (3)
- 辞書をたくさん使う。(5)（準2級）
- E.T.の感想文を書くときに自分の思っていることを適切に伝えられるようにするために，辞書などを引用してわかりやすい文を作った。(3)
- 短い英語の文をよんでなるべく理解できるようにするためにわからないところは辞書を使って調べて理解できるようにがんばった。(3)
- 辞書を効果的に使った。(5)（準2級）
- まず，辞書を使わずに文章を書いてからあとで辞書をひいてチェックする。(5)（準2級）
- 辞書をなるべく引かずに意味を理解するようにしたこと。(4)（3級）

第5節　辞書指導ワークショップ参加者の声

　2004年に始めた辞書指導ワークショップに参加された方々が書いてくださったメッセージが3000枚ほど手元にある。その多くは、「自分では辞書を使って英語の勉強をしてきたくせに、生徒に辞書を使わせなかったこれまでの指導を悔やんでいる」「辞書指導の効果がよくわかった。さっそく使わせてみたい」という意見であった。目に留まった意見を各会場1名ずつ紹介する。

・第一回のワークショップ後、学校でChallengeの辞書を40冊ずつ買ってもらって自分でも使ってみました。北原先生の授業のようにやってみると辞書のメッセージ量の多さにあらためて驚かされました。　　　　　　　　　　　（第1回東京、中学）
・時間がないというのを言い訳に辞書を使わずに私の方からどんどん与えてしまい、生徒の発見する喜びを奪っていたと感じました。　　　　　　（第2回愛媛、中学）
・つい時間がないと言い訳で、簡単に使い方を説明するだけで、終わらせていた辞書指導ですが、もう少し生徒が自ら辞書を開きたくなれるような指導をしたいと思いました。　　　　　　　　　　　　　　　　　　　　　　　（第3回北海道、中学）
・辞書でこれだけのことができるんだ！　というのが実感です。生徒が辞書を使う習慣がつけば、自主的な学習が出来ることを確認できたような気分です。
　　　　　　　　　　　　　　　　　　　　　　　　　　　　　　（第4回富山、中学）
・生徒にとって感動や発見のある授業を作るには教師の綿密な準備と豊富な知識が不可欠なのだと感じた。北原先生の辞書指導のいたるところにある「あっ、そうか！」という発見は大人にとってもたいへん興味深く、生徒にとってはたまらない！？　と思う。　　　　　　　　　　　　　　　　　　　　　（第5回埼玉、中学）
・電子辞書が多く使われ始めている中、私も毎日どちらがいいのか考えていました。今日その答えが見つかりました。紙の辞書を使いこなす、そしてその良さを伝えていかなければだめだと思いました。　　　　　　　　　　　（第6回山形、中学）
・「自ら英語を学ぶ力」をつけるために辞書指導は欠かせないと思います。生徒が教師を頼らなくなるのは、辞書指導の大きな成果を示す姿の一つだと思います。
　　　　　　　　　　　　　　　　　　　　　　　　　　　　　　（第7回愛知、高校）
・辞書指導は、早い段階から適切に行うことが重要だと感じました。さらに語彙を増やすため、ワークシート（ENGLISH EXPRESS）や、辞書引き競争や、引いたページにふせんを貼るなどの工夫にも驚きました。　　　　　　　（第8回群馬、中学）
・最初から最後まで充実した、きめ細やかな指導法の講演に感動しました。実に緻密で、テンポが良く、楽しい授業を私も受けてみたいと思いました。最後の音楽

で感動！！です。自分の娘，母のことを考えながら涙が出てきました。今日，ご指導いただいたことを少しでも必ず自分の授業に取り入れていきたいと思います。本当にありがとうございました。
(第9回佐賀，中学)

・英語の時間が週3時間になって，削ったものは辞書指導でした。生徒の中学校での3年間という限られた時間の中で力を付けて行くためには，生徒が自分で学習しようと思う，自分で学習できる，教師側の見通した指導力が大切だと何度も「目からうろこ」が落ちながら，お話を聞かせていただきました。
(第10回大分，中学)

・辞書に対するイメージが変わりました。中学生向きの辞書は語数が少なくて使えない。高校生用のものは難しいし…と思って，辞書を使う機会をほとんど作っていませんでした。でも，実際に中学生が使いやすいようにたくさんの工夫がされていて，感動しました。特にチャレンジ辞典の真ん中の色々な表現集はとてもすばらしい！
(第11回三重，中学)

・辞書を使用して，こんなこともできるのか…，と辞書指導の幅広さを実感することができ，とても充実した時間で感謝の一言に尽きます。 (第12回徳島，大学)

・中学生のうちから辞書を使用することに慣れるということは大切だと思った。今は，電子辞書が普及して，手軽に単語を調べる生徒が増えているように思えるけれど，紙の方が北原先生のやり方を考えると断然いい！と思いました。本当に辞書は教え方1つでクリエイティブな授業の助けになるし，単語のイメージや語彙の習得にすごく役立つと再確認しました。
(第13回広島，大学)

・今までまともに辞書指導をしてこなかったことを，今ここに反省しています。週3時間しかない授業数を嘆く前に，いかに効果的に指導をしていくか，先生の熱意にとても感動しました。
(第14回福岡，中学)

・入学当初に辞書指導をし，授業で時々辞書を引かせています。授業で実際に使ってみて発見させないと英語学習のやり方はわからないと思います。時間がないだの辞書を使えないと生徒に嘆く同僚に一発ガツーン！！と聞かせてやりたいワークショップでした。
(第15回鳥取，高校)

・教科書のうしろの辞書も使えないような生徒たち。もちろん私が1年時に指導しなかったことが原因でした。今年度，2年生を習熟度別分割にし，スローラーナークラスを持ちましたが，辞書を引くのが嫌いだと思い込んでいた子たちでしたが，英作文の語順からの訓練をしていくうちに，教室中の辞書ケースがからっぽになりました。1年次の指導をすごく反省しています。 (第16回大阪，中学)

・英語辞書の話もよかったですが，子育ての話の方がズーンときました。自分の子，学校の子供たちとの時間を大切にします。
(第17回京都，中学)

- 英和を効果的，継続的に使うことについて考えるよい機会をいただきました。辞書を使うことで，辞書を使わない力も身についていることがわかりました。まず意味や用法を知り，その中から自然に力をつけていったのでしょう。

(第18回長野, 中学)

- 自分自身は使わせていたほうだが，大事な視点がなかったと今ごろになって思う。「一生辞書とつきあえる子供を育てたい」「自学できる子を育てる」という視点。「一生自分で学び続ける」ことを，たとえ英語の学習が学校で終わったとしても，思い出せるような，辞書はその一つだった。個人的には深く反省。
大阪会場の熱気（最終的に希望者200名くらい）はなんだろうか？ いちばん大きい原因は時数が週3になって辞書指導を削ったこと。一方で，自分から学びに向かうこどもが減った（調査でも出ている）。けれども——先生自身が辞書を引いているか？ 一日1回引いている人がどれだけいるか…この，何分，何十分の一が生徒，それが事実。自分で学ばない英語教師は教えられない。気づいていなかろうと，自分自身が「自学」ということに目覚めたので，ワークショップに参加してきたのか？ 「うしろめたさ」が実態だとしても，根本は「人」が生涯学習をする，一生学び続ける人を育てる，ということからではないか？

(2006年7月「辞書指導ワークショップ特別編 with 白鳥英美子トーク＆ミニライブ」東京, 教育センター)

- 辞書指導のノウハウを，一つ一つ丁寧に分かり易く話をしてくださり，辞書の使い方について目からウロコが落ちました。それを実際に，授業の中でとなると，早く引けるようになるまでには根気が必要だと思いますが，挑戦しようと思います。そして，私も，生徒たちも，どんどん辞書を引いて，楽しい！ 引かなくても読める！ という感動を味わえるようになるまで，頑張りたいです。

(第19回香川, 中学)

- 教える立場になってからすっかり忘れていましたが，自分が中・高生で英語がわかる・使えるようになって楽しいと思っていた時，必ずそばには辞書がありました。辞書があることで，先生がいなくても，わからなそうな英文を前にしても怖くなかったことを思い出しました。そういった体験を生徒達にも伝えてあげたいと思います。具体的な指導法も紹介していただき，自分でどう指導していこうか，想像しながら聞くことができました。

(第20回山口, 高校)

- "辞書指導"の大切さ，分かっていても…。（本当は分かってなかったと思います。）たくさんの飽きない指導法を惜しみなくシェア下さる北原先生に心から感謝です。

(第21回沖縄, 中学)

- 辞書が子どもたちを支え，助け，鍛えてくれるということを再認識しました。引

きやすい辞書を与える大切さも感じました。　　　　　（第22回熊本，中学）
- 全校生徒15名の小さな学校で，（副教材費のこともあり）図書室の辞書を一人一冊使える状態です。ですが，引いた語彙にチェックを入れられず，悩んでいました。今日で決心がつきました！　購入の方向で，保護者にお願いしてみようと思います。　　　　　　　　　　　　　　　　　　　　（第23回鹿児島，中学）
- 私が1年から3年まで通して教えることのできた生徒の中に，1人だけよく辞書（英和・和英がいっしょになったもの）を開いている子がいました。勉強は好きでない男の子（いわゆるちょっと不良）でしたが休み時間もそうしていました。他の成績は3くらいでもその子の英語は4の評価。3年の終わりごろ「どうしてそんなに辞書見てるの？」と聞くと，「先生が1年の初めに言ったからこの辞書を買ってずっと読んでるんだ」という答えが返ってきました。今日，そのことを思い出しました。私が辞書指導をしなければ誰がするんだ！　と思いました。火曜からうまく辞書を取り入れて（むずかしいと思うのでキリよく来年度から…かもしれません）子供たちのボキャブラリーをビルドアップさせていこうと思います。　　　　　　　　　　　　　　　　　　　　　　　　　（第24回福島，中学）
- 辞書指導の大切さは高校教師である私も充分心得ているつもりですが，徹底的に使わせるまでには至っていませんでした。電子辞書が紙の辞書に比べて便利だと感じている生徒の意識を変えられるヒントを得ることができた貴重なワークショップだったと思います。中学校に限らず，高校の英語教育にも応用できるものをたくさん教えていただきありがとうございました。　　　　　（第25回高知，高校）
- 適宜な辞書指導にも，生徒の将来（高校，その後など…）を考えるとものすごい効果があることがわかりました。実践します。　　　　　　（第26回長崎，中学）
- 自分が英語を学ぶ上で辞書は欠かせないものであったにもかかわらず，辞書指導を行ってこなかったというのはまったくおかしな話です。中学卒業時の生徒の英語力，狛江一中の発表には英語に対するやる気が見られました。指導法によってこれだけ生徒の姿が違ってくるものか…と反省しました。　（第27回岩手，中学）
- 実践のわかりやすい発表ありがとうございました。辞書指導，語彙指導の実際，効果的な在り方など参考になりました。もともと高校で教えていましたので，中学校のご苦労がわかりましたし，高校の立場から中学校に期待したい部分も正直ありました。　　　　　　　　　　　　　　　　（第28回宮崎，教育委員会）
- 辞書指導の必要性を感じました。生徒たちのコメントで，『辞書を引く回数が減った』というのがすごいと思いました。辞書の使い方を教えれば，自主学習の助けになる。そうすれば自分で英語の勉強をして，英語力がアップする。辞書指導，自律学習の基礎だと思いました。　　　　　　　（第29回栃木，中学）

- 現在，主に2年生を教えています。1年生のときに辞書指導を十分にすることができなかったので，先生のおっしゃったとおり，まさに「生徒が教師の手から離れない」状態になっています。お話を聞きながら，「こんなことがしてみたい」という思いがふくれあがってきました。 （第30回滋賀，中学）
- 私の勤務校は定時制高校です。ほとんどの生徒が中学校にまともに通えなかったので英語の基礎が全くできておらず，高校でありながらも基礎力の指導に力を入れています。今回の辞書指導ワークショップは本当に興味を持って受けさせていただきました。英語の基礎力をつけるためにどういう方法があるのか探しているところだったので，さっそく授業に取り入れさせていただきたいと思います。 （第31回兵庫，高校）
- 今回の指導法は中学校向けでしたが，高校でも十分活用できる内容でした。高校側として残念なことは，電子辞書を持つ生徒がクラスの三分の一程度いて，一度も紙の辞書の使い方を習わないまま利用していることです。紙の方の良さ，使い方も分かった上で，となればいいかと思いました。 （第32回青森，高校）

第6節　辞書指導ワークショップ資料

1．辞書指導にまつわる「目からウロコ」

（毛利公也『英語の語彙指導あの手この手』2004年渓水社より）

　これは四国の先生にご紹介いただき，手に入れた本である。生涯一教師だった公立高校の先生が，ご自身の語彙指導をまとめられた良書である。その中から参考になる部分を拾ってワークショップで紹介させていただいた。

---

①アルファベット順
　アルファベット順の並び替え正答率（高校1年生）
word / tribe / world / bridle / store / bridge / trick / storm は76%
explorer / astronaut / inventor / pioneer / workman / king / mayor / farmer は92%

②語形変化
　辞書を引くにはある程度語形変化に関する文法知識が必要。
babies, washes, longer

③連語・熟語
　2語以上から成る熟語・連語はふつう構成要素の中の中心となる後（主に名詞や動詞）の熟語欄に出ている。熟語欄は原則として品詞別に単語の語義・用例などの後にアルファベット順に強調文字（太い文字）で示されている。
take a walk はどちらにも出ているが take を引けば必ず出ているが walk を引いた方が早く見つかる。ただし目的語の名詞が必ずしも載っているとは限らないことに注意。（コロケーションや成句の度合の問題）

④one's と oneself
　one's は主語と同じものの所有格を oneself は再帰代名詞を表している。指導しないと生徒はそのまま make up one's mind と書いてしまう。

⑤語義
　多くの語義の中から文脈にあったものを選び出すにはある程度の文法知識が必要。take a walk で walk を引いた場合，「a がついているからこれは名詞だろう」と瞬時に判断できなければ正しい語義にたどり着くことはできない。
　ある普通高校1年生対象の調査
　　前後関係を考えながら調べる…39%
　　かたっぱしから引く………………54%

⑥すぐに辞書を引かせない指導
　文脈から予測をつけた上で辞書を引いて適切な語義を見つけ出す方が効率的。
　　前後関係から推測し，それから辞書で調べる…41%
　　知らない単語を見たらすぐ辞書を引く…………35%
⑦電子辞書と紙の辞書の所有者数（人）
　筑波大附属高校（2002年調査）
　　　　　　　1年生　　2年生　　3年生　　合計
　　電子辞書　40　　　26　　　57　　　123
　　紙の辞書　73　　　31　　　52　　　156
⑧辞書の理想的な使い分け（高校生）
　　授業中，単語の意味だけ調べる・確認する→電子辞書
　　家庭学習（予習），熟語の意味や用例を調べる→紙の辞書
⑨電子辞書の長短所
　長所…コンパクト，引くのが速い，ゲーム感覚，デジタル世代に合う，ジャンプ機能，履歴が残る，複数の辞書が使える
　短所…スクロールしにくい，一度に見られない，飛ばし読みができない，派生語が調べにくい，画面が見づらい，下線を引くなど書き込みができない，覚えにくく忘れやすい，絵がない

2．辞書指導へのアプローチ

　この資料は，第1回辞書指導ワークショップからずっと使っている資料である。辞書指導へのアプローチと中学生用辞書のポイントについて書かれている。

1年生から辞書指導を

　一昨年4月から英語が週3時間になって，先生方は授業の中で何を削られましたか？　もし，辞書指導であったらとてももったいないことだと思います。もっと前から辞書指導を授業でやっていないとすればさらにもったいないことだと思います。

　中学生になって初めて英語を勉強する中学1年生にとって，未知の世界である英語への案内役は先生であると同時に英和辞書です（昨今では小学生から英語を始める生徒も少なくありませんが，その場合でも辞書を手にするのは中学になってからでしょう）。授業時数が減って先生の手が届かない部分は，もう一人の案内役である英和辞書に動機付けを委ねたらどうでしょう。そのためにも中学時代に辞書指導が必要だと思います。

　辞書指導と書きましたが，そんなに大それた事をする必要はありません。生徒が「そうか，こう使えばいいのか」と合点するような場面を，授業のところどころに設定するだけのことです。辞書の有用性に目覚めた生徒たちは自分たちでどんどん辞書を引き始めます。

　まずは1年生の1学期。文字を導入したらすぐに辞書指導を始めましょう。Lesson 1に出てくる3〜4文字の名詞を引かせましょう。辞書引き競争の始まりです。ポイントは3つ。

　1つ目は，引いたらその単語に赤丸をつけること。学校で引く単語は重要語中の重要語です。辞書を引いたら赤丸をつける癖をつけましょう。2度，3度引くこともありますが，赤丸がついていれば捜しやすいですよね。また勉強した痕跡が一目でわかり，励みになります。第一義の訳でない場合は訳語にも，場合によっては品詞にも赤丸をつけさせましょう。

　2つ目は，引いたら立ち上がらせること。教師はNumber 1, Number 2 ... というように立ち上がった順番を言います。早く引けた生徒には励みになります。

　3つ目は，立ち上がって一通り辞書の訳語や例文を読んだ生徒に，まだ引けていない生徒の手助けをさせることです。その際にページを教えないで引き方を教えるように指導します。こうすることによって，クラス全体の辞書引き速度が速くなります。

こうしてときどき辞書指導をすることによって，生徒は自分でどんどん辞書を使い始めます。「先生，この単語どういう意味？」などという質問はなくなります。

　ところで生徒は辞書をどうしていますか？　私は「辞書は2冊用意しよう」と言っています。「1冊は学校に，もう1冊は家に置こう」1冊は小学校卒業記念でもらったものでOK。もう1冊をどうするか，です。「近所に卒業生の先輩がいたらその辞書をもらおう。高校では絶対使わないからね」とも言います。なるべくお金をかけないで2冊用意させたいのです。

　今年の1年生の多くはA社の英和辞典を持っていました。辞書をもっていない生徒は少数派でした。彼らにはチャレンジ英和を貸しました。そして辞書引き競争が始まったのでした。結果はチャレンジの勝利でした。何しろ「早く引ける」を合いことばに改訂したのですから。

　ここでチャレンジ英和改訂の主なポイントを説明しましょう。編者の橋本光郎先生の改訂の趣旨は「もっと中学生が使いやすい辞書に，早く確実に引ける辞書に」でした。そこで，具体的に以下の点を改訂のポイントにすることになりました。

① 編集の方でよかれと思って重要語のポイントを上げたり，朱色を使ったりすると，生徒の目は目的の語を素通りしてしまうので，見出し語は同じポイントで色も黒一色とする。重要語は別に詳しく説明する項目を立てる。

② ジュニア版として必要のない語は思い切って削除する。辞書の命は収録語数というのは大人の論理。中学生には目的の語を早く引けるように必要最小限の語だけを載せる。

3．辞書指導に関する生徒の記述

　1年生3学期の最後に,「新1年生に英語の勉強の仕方を教えてあげよう」と生徒に提案をして，自分がこれまでやってきて効果があった勉強法などを書いてもらっている。それを項目別にソートして新1年生に渡す。その中の「持ち物編」から英和辞典に関する部分だけ抜粋したのが次の資料だ。（下線は筆者）

新1年生に贈る「英語はこうやって勉強しよう」持ち物編

「新1年生へ贈る英語の勉強法」より抜粋

　設問：「必ず用意すべきもの，あると便利なもの，それらの使い方について書いてください。　例　英和辞典，マーカー，ファイル，教科書準拠のCD，など」

- 意味がわからなかったら調べられるし，単語を覚えられるから。（<u>ハウディがいいよ</u>）
- 英和辞典は調べたものはマーカーで印しをつけておくと，またその単語を調べたい時にすぐ調べられる。
- 英和辞典は<u>チャレンジがいいです。使いやすいように工夫されています。</u>
- 英和，和英辞典があると便利。<u>チャレンジがひきやすい。</u>
- 英和辞典は絶対必要！！
- 英和辞典は2つあった方がいい。（家用と学校用）
- <u>チャレンジはひきやすくておすすめ。</u>
- 英和辞典は使い慣れていないので，使いやすい<u>チャレンジがいいと思います。</u>
- 辞書はチャレンジがいいと思います。
- 英語の辞典（英和）は2さつあるとべんりだと思います。私は1さつしか持ってないけど，つくづくもう1さつほしいなと思います。
- <u>チャレンジの英和辞典は持っていたほうがいい。字が大きくて見やすくてしかも北原先生が作ったから。</u>
- <u>辞書はぜったい「チャレンジ」の方がいいよ。</u>
- 「あとでしらべよう〜」だと忘れてしまうので英和辞典はあると良いです。
- 英和辞典は必ずいる。
- 辞書。意味調べになど。2つあると1つは学校においてもう一つは家で復習用にべんり。
- 英和と和英は家用と学校用があった方がいい。
- 英和辞典は引いたらマーカーなどで印をしておく！

- ・辞典ですぐしらべられる。
- ・英和，和英は2冊あるといい。チャレンジはとても引きやすい。
- ・英和辞典。わからない単語がでてきたときすぐしらべて意味がわかるようにする。
- ・英和辞典を持っていると便利。わからない単語がでてきたら辞書をひけばのっているから英和辞典は大事。
- ・単語の意味を調べるので英和辞典を使います。英和と和英をまちがえないで持ってきてください。
- ・英和辞典は意味調べや単語の読み書きがわかるからあると便利。チャレンジ英和辞典は便利。
- ・英和辞典はチャレンジ英和辞典をつかったほうがわかりやすいと思います。
- ・辞書はハウディでもチャレンジでもなんでもいい。でも日頃からよく辞書になれておくことが大切。
- ・英和辞典はチャレンジがいいと思います。字も大きくてわかりやすいです。
- ・英和辞典はチャレンジの方が調べやすい。
- ・チャレンジの辞典はわかりやすいです。
- ・北原先生が作った英和辞典！！
- ・英和辞典，和英辞典を持っているととても便利。英和辞典，和英辞典があればわからない単語，意味を調べられるし，しかもその単語の使い方まで調べることができる。
- ・英和辞典は2つ用意して1回ひいた単語に印をつける。
- ・英和辞典2冊あると家で調べられるためと学校においてくと学校でしらべたのを家でしらべるとよく覚えるし，引いた単語をマーカーでラインをしていると引きやすい。
- ・私は最初ハウディを使っていたけどチャレンジの辞書の方が引きやすいからおすすめ。
 少しでもわからない単語があったら何でも引くと良いかも。
- ・スキットをする時に和英，英和があるとすごくやくにたつ。分からない単語などを調べられる。辞書はチャレンジが一番。見やすくて分かりやすい。はやく引ける。
- ・あると便利なのは北原先生が作った英和辞典！ ひきやすかったし，すぐ引きたい単語があったら引けるから。
- ・辞書はチャレンジの方がいいよ。
- ・チャレンジの辞典は引きやすい → 単語がみやすい

4.「辞書指導ワークショップ」これまでの開催地，参加者数，キャッチフレーズ

● 2004年（平成16年）

第1回	東京都千代田区（120名）	「新学期から辞書指導をやろう！」
第2回	愛媛県松山市（100名）	「そうか，辞書指導をやろう！」
第3回	北海道札幌市（70名）	「したっけ，辞書指導やるっしょ！」
第4回	富山県魚津市（66名）	「そんながなら，辞書指導せんまいけ！」
第5回	埼玉県深谷市（85名）	「そうか，辞書指導をやろう！」

● 2005年（平成17年）

第6回	山形県山形市（95名）	「んだ，辞書指導すっぞ！」
第7回	愛知県名古屋市（83名）	「そうだがね，辞書指導をやったるがや！」
第8回	群馬県前橋市（60名）	「春だ！　今年こそ辞書指導すんべぇ！」
第9回	佐賀県鳥栖市（130名）	「そいぎ，がばいすごか辞書指導ばしゅ〜かっ！」
第10回	大分県大分市（65名）	「よっしゃ！　辞書指導しちゃろうかのう！」
第11回	三重県津市（60名）	「そやな，辞書指導しよか！」
第12回	徳島県徳島市（50名）	「ほな，辞書指導しよか！」
第13回	広島県広島市（80名）	「辞書がこがいにええもんだって，知らんかったわ！」

● 2006年（平成18年）

第14回	福岡県福岡市（110名）	「こーらよかばい，辞書指導しまっしょ！！」
第15回	鳥取県倉吉市（80名）	「よっしゃ！　辞書指導やらいや！」
第16回	大阪府吹田市（135名）	「やっぱ好きやねん！　辞書指導！！」
第17回	京都府京都市（80名）	「辞書指導，どないしたはります？」
第18回	長野県佐久市（40名）	「ずく出して，新学期こそ辞書指導を！」

● 2007年（平成19年）

第19回	香川県高松市（80名）	「辞書指導〜英語好き生徒，でっきょんな？」
第20回	山口県周南市（85名）	「辞書指導せにゃ，いけんよね！！」
第21回	沖縄県西原町（80名）	「辞書指導や，うむしるむん！」
第22回	熊本県熊本市（65名）	「辞書ば使うてみましょかい！」
第23回	鹿児島県鹿児島市（95名）	「辞書指導すっど！」

●2008年（平成20年）	
第24回　福島県いわき市（80名）	「辞書使ってみねぇがい？」
第25回　高知県高知市（85名）	「辞書指導やってみんかえ？」
第26回　長崎県長崎市（100名）	「新学期は辞書ば使うばい！」
第27回　岩手県盛岡市（100名）	「やっぱり辞書指導だべ！」
●2009年（平成21年）	
第28回　宮崎県宮崎市（124名）	「辞書指導をどげんかせんといかん！」
第29回　栃木県宇都宮市（110名）	「春だ！　ブラッシュアップだ！　辞書指導だっぺ！」
第30回　滋賀県草津市（104名）	「どないしよう，辞書指導？！」
第31回　兵庫県西宮市（114名）	「まだまだ熱い夏 辞書指導甲子園！」
第32回　青森県青森市（64名）	「のれそれ辞書指導だはんで！」

第5章 語彙指導

第1節 学習指導要領における扱い

1. 指導する語・連語・慣用表現について

中学校学習指導要領の現行版と平成24年度（2012年度）完全実施の新訂学習指導要領では，語，連語及び慣用表現について次のような相違がある。（下線は相違点）

●現行学習指導要領
ウ　語，連語及び慣用表現
(ア) 別表1に示す語を含めて，<u>900語程度までの語</u>（季節，月，曜日，時間，天気，数(序数を含む)，家族などの日常生活にかかわる基本的な語を含む）
(イ) <u>連語</u>のうち基本的なもの
(ウ) <u>慣用表現</u>のうち，excuse me, I see, I'm sorry, thank you, you're welcome, for example <u>など基本的なもの</u>

●新学習指導要領
ウ　語，連語及び慣用表現
(ア) <u>1200語程度の語</u>
(イ) <u>in front of, a lot of, get up, look for</u> などの連語
(ウ) excuse me, I see, I'm sorry, thank you, you're welcome, for example などの慣用表現

『中学校学習指導要領』第2章各教科，第9節外国語「3　指導計画の作成と内容の取扱い」より

(平成20年3月，文部科学省)

また，同解説での記述を比較してみよう。

(ア) 1200語程度の語

　3学年間に指導する語は，改訂前は「900語程度までの語」としていたが，今回の改訂で「1200語程度の語」とした。これは，語彙の充実を図り，授業時数が105時間から140時間に増加されたことと相まって，一層幅広い言語活動ができるようにするためである。

　指導する1200語程度については，「3　指導計画の作成と内容の取扱い」(1)オに「語，連語及び慣用表現については，運用度の高いものを用い，活用する

ことを通して定着を図るようにすること」と示されていることに留意する必要がある。言語の使用場面や言語の働きなどを考慮して，よく用いられるものを取り上げるとともに，特に今回の改訂で新たに明示されたように，言語活動などにおいて活用することを通して定着を図るようにすることが極めて重要である。したがって，教材における語数については，1200 語程度を上限とするという趣旨ではない。

さらに，実際の教材の選定に当たっては，「3　指導計画の作成と内容の取扱い」(2)にあるように「聞くこと，話すこと，読むこと，書くことなどのコミュニケーション能力を総合的に育成するため，実際の言語の使用場面や言語の働きに十分配慮」した教材を取り上げ，「生徒の発達の段階及び興味・関心に即して適切な題材を変化をもたせて取り上げる」ことにより，生徒が自ら興味をもって言語活動を行ったり，英語で発信したりすることが，より一層充実して行われるよう適切な配慮が必要である。

なお，語数については，綴りが同じ語は，品詞にかかわりなく1語と数え，動詞の語尾変化や，形容詞や副詞の比較変化などのうち規則的に変化するものは原則として1語とみなすことができる。

（イ）in front of, a lot of, get up, look for などの連語

ここでいう連語とは，in front of, a lot of, get up, look for などのように，二つ以上の語が結び付いて，あるまとまった意味を表すものを指している。

連語の選択に当たっては，（ア）と同様，よく用いられるものを取り上げるとともに，言語活動などにおいて活用することを通して定着を図るようにすることが極めて重要である。

学習指導要領に挙げられている連語はあくまでも例示であり，例えば，get up, look up, out of, next to など，例示されている以外の連語を取り上げることも考えられる。

（ウ）excuse me, I see, I'm sorry, thank you, you're welcome, for example などの慣用表現

コミュニケーション能力を育成するためには，日常生活でよく用いられる様々な慣用表現を身に付けさせることも重要である。これらの慣用表現を場面

に応じて使用することによって，スムーズな言葉運びが可能となる。
　慣用表現の選択に当たっては，（ア）と同様，よく用いられるものを取り上げるとともに，言語活動などにおいて活用することを通して定着を図るようにすることが極めて重要である。
　学習指導要領に挙げられている慣用表現はあくまでも例示であり，例えば，Just a minute. / I have no idea. / No problem. など，例示されている以外の慣用表現を取り上げることも考えられる。

＊指導する語数が900語から1200語へと引き上げられた理由は，①週4時間体制になったこと　②小学校英語活動で触れてきた語が相当数あるだろうから，ということのようだ。

2．運用について

新学習指導要領での運用に関する記述を見てみよう。
「3　指導計画の作成と内容の取扱い　(1)」では，指導計画の作成上の配慮事項として，「オ　語，連語及び慣用表現については，運用度の高いものを用い，活用することを通して定着を図るようにすること。」とあり，新旧の間には次のような違いがある。

●現行学習指導要領
カ　語，連語及び慣用表現の指導に当たっては，運用度の高いものを厳選し，習熟を図るようにすること。
●新学習指導要領
オ　語，連語及び慣用表現については，運用度の高いものを用い，活用することを通して定着を図るようにすること。

新学習指導要領解説では次のように述べられている。

　ここで「運用度の高いもの」とは，「言語活動の取扱い」に示された〔言語の使用場面の例〕や〔言語の働きの例〕として挙げられている場面や働きにおいてよく使われる身近な語や連語及び慣用表現のことである。今回の改訂においては，授業時数の増加に伴って言語活動を充実させることが可能となったことを受けて，指導する語数を増加しているが，このような改訂の基本的な考え方を踏まえ，単に機械的に記憶させるのではなく，あくまで具体的な場面や状況

で適切に用いるようにして定着を図ることが極めて大切であることから、今回新たに「活用することを通して定着を図るようにする」ことを明示したものである。
　なお、「運用度の高いものを用い」としたのは、中学3年間という限られた時間の中での学習に配慮するとの趣旨のほか、コミュニケーション能力の基礎を養うとともに、活用することを通して定着を図るためには、運用度の高いものについて、繰り返し言語活動を行うことが効果的と考えるからである。

＊語、連語及び慣用表現はそれ単体で覚えさせるのではなく、使われる場面や機能を考えて指導しなければならない。また、何度も使ううちに定着を図れるようにとの指示がある。

　第1章でも書いたが、前任校の卒業生は毎年必ず高校入学後に「発音がいい」「語彙をよく知っている」の2点で友達や先生にほめられた。
　それはなぜなのか、次節以降では北原メソッドで行っている語彙指導について述べることにする。

第2節　ビンゴ

　今から20年以上前に長勝彦先生（当時墨田区立両国中学校）がワード・ビンゴを開発された。授業の毎時間最初の定番活動として、私もずっと使って来た。生徒からの支持はいつでも高かった。

① ビンゴ基本形
　教科書の新語を中心に40語を選び、資料2のようにBINGOの各列に8語ずつを配置する。生徒は資料5のビンゴ用紙に各列から5つの単語をランダムに選んで記入する。（N列は真ん中がFREE欄、いわゆる「おまけ」なので4語のみ）以上を家庭学習としてやってくる。
　教師がB列から順番に単語を2度ずつ読み上げ、生徒は赤ペンでチェックマークをつけていく。1列揃ったらBINGO！　と大きな声で叫ぶ。教師が各列6語を読み上げ終わった段階でゲーム終了。ビンゴになった本数の多い生徒が勝ち。終わったら次回の分の記入を1分ほどさせると、宿題忘れが少なくなる。（参考『英語教師の知恵袋・上巻』（開隆堂出版））

② 日本語バージョン・ビンゴ
　教師が選んだ語の日本語訳を言ってチェックさせる。生徒が単語の意味がわかっているか，確認ができる。

③ センテンス・ビンゴ
　私が考案したビンゴ・ゲームだが，単語だけでなくその単語を文の中に入れて読み上げると，弱音（前置詞，人称代名詞など）を聞き取らせるのに最適である。また教師の会話力保持に役立つ。

④ 先取りビンゴ
　授業で使いたい語彙をあらかじめインプットしておくために，次のような語を選ぶ。
　　・来月，将来の夢のスピーチをさせる→「職業名ビンゴ」
　　・次の課で比較を扱う→「既習の形容詞ビンゴ」

⑤ アルファベット・ビンゴ
　1年生の文字と音の識別訓練に。　⇒資料1

⑥ フォニックス・ビンゴ
　1年生の単語識別訓練に。　⇒資料2

⑦ 形容詞ビンゴ
　1年生でスピーキング活動の幅を広げるために。　⇒資料3

⑧ 動詞ビンゴ
　1年生2学期最初に。1学期に音だけでインプットした動詞を，文字で確認させる。　⇒資料4

⑨ 前置詞ビンゴ
　2年生以上で。前置詞の総まとめに。　⇒資料6

資料1

THE ALPHABETS BINGO 13								
B :	a	c	d	e	f	g	h	i
I :	b	j	k	l	m	n	o	p
N :	q	r	s	t	u	v	w	x
G :	y	z	a	b	c	d	e	f
O :	g	h	i	j	k	l	m	n

資料2

THE PHONICS BINGO 1								
B :	big	bag	bed	belt	bike	black	book	box
I :	cake	can	cat	class	cold	cook	cup	city
N :	date	desk	dog	don't	dish	dress	drink	drive
G :	family	fast	fifty	fine	five	food	face	fan
O :	glass	good	go	game	gold	giant	gray	green

資料3

THE 形容詞 BINGO 1								
B :	hot	cold	cool	warm	tall	short	long	fast
I :	slow	big	small	large	happy	sad	glad	busy
N :	free	angry	hungry	full	kind	rich	poor	sick
G :	strong	weak	fat	thin	thick	young	old	new
O :	dry	wet	high	low	nice	good	bad	fine

資料4

```
            THE 動詞 BINGO 1

B : get up, take a shower, have a shower, take a bath, have a bath,
    起きる     シャワーを浴びる              風呂に入る
    wash my face, go to bed, sleep
    顔を洗う      寝る
I : cook breakfast, cook lunch, cook dinner, clean the room,
    朝食を作る  昼食を作る  夕食を作る  部屋を掃除する
    eat breakfast, have breakfast, eat lunch,  eat dinner
    朝食を食べる  朝食をとる   昼食をとる   夕食をとる
N : watch TV, listen to music, read a book, read a newspaper,
    テレビを見る  音楽を聴く      本を読む     新聞を読む
```

第2節●ビンゴ

```
         play baseball, play the piano,  practice kendo,  study English
         野球をする     ピアノを弾く    剣道の練習をする  英語を勉強する
      G：go to work, go to school,  walk to school,  buy,  catch the train,
         仕事に行く   学校へ行く    歩いて学校に行く 買う   電車に乗る
         take a bus, drink, start
         バスに乗る  飲む  始める
      O：finish, look at ～, smile, talk about ～, talk with ～, talk to ～,
         終える ～を見る 微笑む ～について話す     ～と話す
         dance, speak English
         踊る   英語を話す
```

資料5

ビンゴ用紙

Let's Enjoy _____ BINGO   No. ____

Date： _____

　　　　　　　Class ____ No. ____ Name _____

B					
I					
N			FREE		
G					
O					

Your Score ☐

Your Partner's Score ☐

資料6

THE 前置詞 BINGO

説明されている場所にいる動物に○をしましょう。○がタテ,ヨコ,ナナメのいずれかの1列にそろったらBINGO! です。

"a penguin under a cat", "a dog over a rabbit" などと教師が前置詞を使って動物を説明しチェックさせる。

『NHK CD 基礎英語②リスニング講座』(1995年, NHK サービスセンター)
を元に再構成

第3節　フラッシュカード

　先生方は,語彙指導にどれだけ時間をかけていらっしゃるだろうか？　また,どれだけ語彙習得理論に基づいた指導を行っていらっしゃるだろうか？短い時間で効率的に,しかも生徒を飽きさせずに語彙を習得させたいものだ。以下は私のフラッシュカードを効果的に使った,ふだんの語彙指導の流れである。

1. 出来合いか手作りか？

　教科書会社が作っているフラッシュカードがある。きれいな印刷で見やすく角が揃って扱いやすい。しかし,1学年で2〜3万円するので3学年分全部揃えると大層な額になる。また,複数の教師で同一学年を持っている場合には2

セット必要になる。学校予算があるときはいいが，そうでないときにはピクチャーカードは購入し，フラッシュカードは手作りした。

2．カードの体裁

　自作する場合もいろいろなことを試した。まずは用紙だ。かつては板目紙をカットして使っていた。しかし，前任校では3人の英語教師がそれぞれ3学年分のフラッシュカードを作ると，紙の値段もばかにならなくなった。群馬県の先生方から，「白ボール紙」というのが一番コスト的に安いということを知った。白ボール紙は，表は白いが裏は灰色に近い色をしている。またロールになっているので，業者に縦横のサイズを指定してカットして納入してもらった。

　次にサイズだ。例えば板目紙を横1/3にカットするか，1/2にするかは教師の手の大きさに合わせて決めたらよい。

3．どんな情報を盛り込むか？

　基本は「あまりごてごてさせない（色，情報とも）」ようにする。生徒の注意を散漫にしないためである。私はカードの表面と裏面に次のような情報を書き入れている。
- 表面…フォニックス（ルール通りは緑色で，例外は赤で），アクセント，重要語（つづりまで求める語）には赤丸。
- 裏面…語義または絵，品詞，反意語，同義語，活用形

　Sunshine English Course 1, Program 7 Section 3（平成14年度版）を例に取って説明しよう。

【表面】

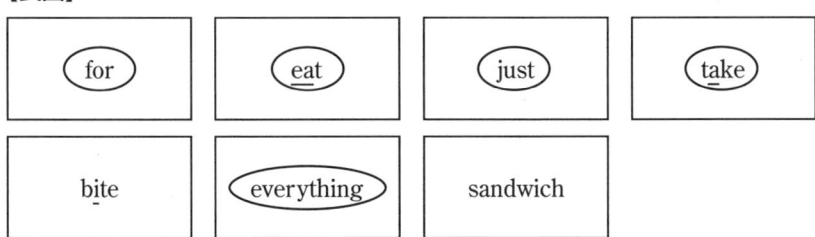

for	eat	just	take
bite	everything	sandwich	

＊実際のカードはフォニックスルールに合致しているものには緑線，例外（breakfastのeaなど）は赤線を引いている。また，重要語には赤で○がついている。

【裏面】

前 ～のため	動 食べる	ちょっと	動 取る,ある動作をする
一噛み	すべてのもの	サンドイッチ	

＊フラッシュしやすいように，表面とは上下逆に情報を書く。

4．提示の段階「飽きないくり返し」

　new words の指導はもっとていねいにされるべきだ。「語義だけを与えておしまい」では，その語を覚えることにも使えるようにもならない。生徒は結局，多大な時間を家に帰って単語を覚えることに費やすのだ。

　私はピクチャーカードを使って oral introduction を行い，new words の音を聞かせた後，以下のように「飽きないくり返し」でさまざまな手法を使って語彙をインプットする。

　　①黙って見せ，生徒自身に発音させてみる。
　　　→　自立した学習者を作るためには絶対不可欠。
　　②発音にスポットを当てて，フォニックスのルールに触れながら既習語を思い出させる。
　　　例：「ea をイーと発音する語は？」と問いかけ，クラスで協力して思い出す。

③ 裏面を見せながら，意味にスポットを当てて発音させる。
- 和訳はあくまでも記憶を助けるため。細かなニュアンスは辞書で確認させる。辞書指導の絶好のチャンスである。
- 必ず文の中で提示（コロケーション指導）する。これをしないと語が使えるようにならない。
- 既習の反意語，同義語を言わせる。混乱するので，未習語を問うようなことはしない。

④ 表面と裏面をフラッシュさせてもう一度発音練習する。
⑤ 表面を素早く見せて発音させる。 → 「語の形」で認識させる。
⑥ 語の最初の3文字を見せて発音させる。 → 語を速く認識できるように
⑦ 語の最後の3文字を見せて発音させる。 → 限られた語彙の中なら推測可能
⑧ 裏面を見せて発音させる。
⑨ 裏面を見せ，"Write the spelling in the air." と言い，指でつづりを書かせる。

5．復習の段階

フラッシュカードは語彙の提示だけで使うわけではない。次の時間の冒頭で以下のように使う。さらに，定期テスト前にゲーム形式で定着度を調べるときにも使う。

① 裏面を見せて発音させる。
② 裏面を見せ，"Write the spelling in the air." と言い，つづりを書かせる。
③ 表面を見せて，その語が使われている本文を言わせる。（オプション）

第4節　語彙指導の場面

　語彙指導は，新出語（未習語）の導入にだけ注力するのでなく，常に既習語の記憶をも強化させることを意識し，語彙が生徒の頭の中でつながりをもつように指導する。以下は私が行っている語彙指導の各場面と教材である。

① 未習語　→　フラッシュカード
② 既習語の強化　→　ENGLISH EXPRESS*
　　例：同じ発音を含む語，別の品詞，同じカテゴリーの語

(*ENGLISH EXPRESS 「第4章第3節2．辞書をよく使わせる教材」参照)

③既習語の別の使い方　→　ENGLISH EXPRESS, 辞書
　例：別の品詞，別の語義

④意図的な語彙のリサイクル　→　Teacher Talk, ENGLISH EXPRESS

⑤既習語を元に語彙を広げる　→　フラッシュカード, ENGLISH EXPRESS
　例：反意語，同義語，同じ発音を含む語，品詞別まとめ，カテゴリー別語彙（「第6節　カテゴリー別単語書き」参照）

⑥既習語どうしをつなぎ合わせる　→　シナプスがつながる「あっそうか！」
　例：2004年5月12日の2年選択授業でpayという動詞をTeacher Talkで導入したときに，pay day, pay phoneを推測させた
　T：Did you <u>pay</u> for "Talk & Talk Book 2"?
　Ss：Yes, I did.
　T：What's '<u>pay day</u>' in Japanese?　What's '<u>pay phone</u>' in Japanese?

第5節　理論に裏打ちされた語彙指導を

　私の語彙指導には理論的裏付けがある。都中英研研究部では，『英語語彙の指導マニュアル』（望月正道・相澤一美・投野由紀夫共著，2003年大修館）を参考に次のような語彙指導チェックリストを作成し，部員に各指導を行っている頻度のアンケートを取った。これらはいずれも，語彙の定着に効果があると認められた語彙指導である。1つの語を指導するのに，多角的に何度も提示した方が記憶に残りやすい。是非参考にしていただきたいと思う。これを元に，ご自分の語彙指導についてチェックした上で，まずは頻度の高い指導法（反転数字の部分）を採用してみたらいかがだろうか。

　　　　表中の数字は語彙指導の頻度を表す
　　　　3…頻繁に行っている
　　　　2…時々行っている
　　　　1…あまり行っていない
　　　　0…全く行っていない

語彙指導アンケート

(都中英研研究部2003年度研究冊子より抜粋)

語彙指導項目 \ 指導学校・学年	A2	B2	C2	A3	C3	D3	E3	F3	チェック欄
生徒がすでに持っているカタカナ語の知識を利用している。	**3**	2	2	**3**	**3**	2	**3**	**3**	
既習の同意語や反意語，反義語を同時に指導している。	2	**3**	2	**3**	**3**	2	**3**	**3**	
コロケーションを指導している。	2	1	2	2	**3**	**3**	2	**3**	
フラッシュカードをフラッシュさせて使っている。	2	**3**	**3**	2	**3**	2	1	2	
フラッシュカードの最初の1〜2文字を見せ素早くその語を言わせている。	**3**	**3**	2	**3**	**3**	2	1	2	
早く言える（音読できる）ように指導している。	**3**	**3**	1	**3**	1	**3**	**3**	**3**	
単語だけでなく句や文の中で変化した音も発音させている。	1	**3**	2	2	**3**	**3**	**3**	**3**	
アクセントをしっかり指導している。生徒も意識して発音している。	**3**	**3**	2	**3**	**3**	**3**	**3**	**3**	
文字と発音の関係を指導している。（狭義のフォニックスと考えていい）	**3**	**3**	2	**3**	2	**3**	**3**	**3**	
似ているつづりの語から特定の語を素早く探す訓練をしている。（例 from, fron, frow, flomの中からfromと同じつづりをさがす）	0	0	0	0	0	0	0	0	

指導内容							
記憶に残るように語根指導（語源に近い話 breakfast → fast を break するなど）をしている。	2	**3**	0	2	0	2	2	2
いろいろな文脈で単語を使っている。	1	1	1	2	1	2	1	**3**
ニュアンスの違いを（日本語などを使って）説明している。（例 look と see, watch）	**3**	**3**	2	**3**	2	**3**	**3**	**3**
register*（言語の使用域）を踏まえた指導をしている。*研究部の過去の研究冊子を参照	1	1	0	2	1	**3**	**3**	**3**
新語と母語の既知の概念とを結びつける指導をしている。（vacation と日本語の休日の概念など）	**3**	1	1	**3**	2	2	2	**3**
接辞（接頭辞・接尾辞re-, un-, pre-, -ation, -ful, -ment）の指導をしている。	2	**3**	1	**3**	1	**3**	**3**	**3**
新語の言い換え（recently → not long ago）や定義（zebra → This animal lives in Africa. It has black and white stripes.）を使って指導している。	0	2	1	1	2	2	**3**	**3**
1つの単語について6回以上指導している。	0	1	**3**	1	**3**	**3**	1	**3**
絵や実物，ジェスチャーを見せながら指導している。	1	**3**	2	1	2	2	2	2
近い日本語訳を与えている。	**3**	2	**3**	**3**	**3**	**3**	**3**	
辞書指導をしている。	**3**	1	1	**3**	1	2	2	2

生徒が話したり，書いたりする活動で既習の語いを使うように指導している。		**3**	**3**	**3**	**3**	2	**3**	**3**	**3**
文脈から推測する練習をしている。		0	**3**	1	2	2	**3**	0	**3**
単語テストを行っている。		0	**3**	1	0	0	2	**3**	0
ビンゴをやっている。		**3**	**3**	**3**	**3**	**3**	**3**	0	**3**
ワードサーチやクロスワードパズルを行っている。		0	2	0	0	1	0	**3**	0
しりとりなど単語を使ったゲームをしている。		2	2	1	2	0	1	0	1

＊A2（狛江一中2年）およびA3（同3年）は筆者データ

第6節　カテゴリー別単語書き（2年生）

　ディクテーション（下巻第4章第4節参照）直後に，1分間の時間を与えてカテゴリー別に語彙を書かせている（ボキャブラリー・ビルディング活動）。目的は，生徒個人が持つ語彙をクラスで共有させることにある。手順と教師の指示は以下のようである。

①ディクテーションに続いて行う。カテゴリーを与える。生徒はディクテーションカードの裏に単語を書く。（つづり間違いは気にしない）
　例：Today's category is animals. You have one minute. Write as many animal names as possible.
②（1分後）書いた数を挙手によってたずねる。
　例：How many words have you written? Zero? One? Two?....
③一番多く書いた生徒に言わせる。
　例：S1（生徒の名前), will you tell us your words?
　　生徒が速く言った場合は，友達のためにゆっくり言うように指示する。
　例：S1, slow down so that your friends can write down the words.
　　一般生徒は，自分が書けなかった語でその生徒が言った語を赤ペンで書く。

④ 他の生徒にその他の語をたずねる。挙手しないで発言するように言う。
　例：Any other words?　You don't have to raise your hands, but just tell us.
⑤ 生徒は，返されたディクテーションカードを授業後にディクテーションノート（兼ボキャブラリーノート）に貼り，裏の単語を写す。つづりの怪しい語やわからない語は辞書で調べる。単語を書く欄は広めにとっておき，後日そのカテゴリーに入る語を習ったり思い出したら書き込めるようにする（別の色で書く）。

これまでに使ったカテゴリーは次の通りである。

---

animals, fruit, vegetables, sports, colors, food, drinks, jobs, body parts, countries, flowers, fish, stationery, electric appliances, landmarks in the city, something about Christmas/nature/winter, something you see in the sky/on the beach/in school/in the kitchen/in this room, something you ride on, 感情を表す形容詞, 首から上を使う動詞, 前置詞, kitchen utensils, phrasal verbs such as make 〜/take 〜/get 〜/have 〜

ディクテーションノート兼ボキャブラリーノートの例

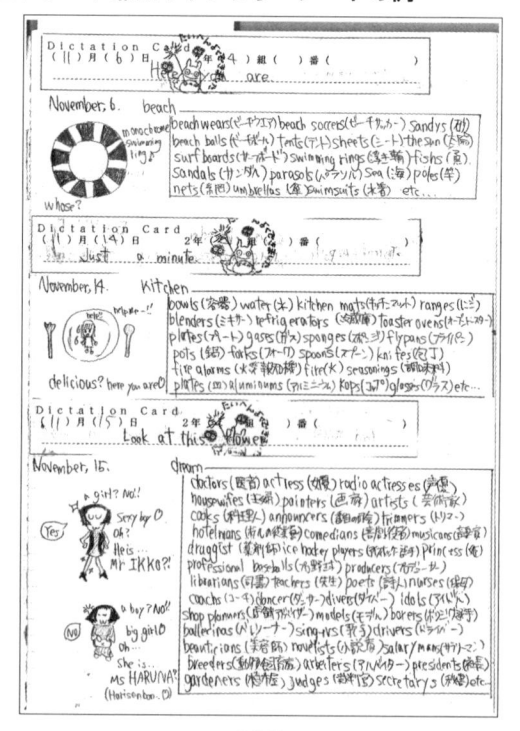

第7節　受容語彙と発表語彙を区別して指導する

　最近私は授業で，生徒に「家に帰って単語を覚えるな。単語は授業中に全部覚えてしまうようにしなさい。家では句・文単位の勉強をしなさい」と言っている。1セクションに出てくる新出単語を，全部授業の中でつづりまで覚えることは不可能である。では，なぜ私はこういう言い方をするのだろうか。
　語彙は使用頻度によって軽重をつけて指導すべきである。語彙は大きく分けて，受容語彙（receptive vocabulary）と発表語彙（productive vocabulary）がある。次のように考えるとわかりやすい。

① 受容語彙（発音できて意味がわかる）
② 発表語彙1（ある概念を頭に浮かべたときに，その音が頭に浮かぶ。スピーキングに使用する）
③ 発表語彙2（その音を文字化できる。ライティングに使用する）
　さらに教科書語彙では，次の語彙カテゴリーも考慮した方がいい。
④ 受容語彙のうち，いわゆる「題材語」。そのトピックのために使用せざるを得ない語。中学生レベルでは①に達しない語彙。

　私は軽重をつけて授業では③に一番時間をかけ，②，①の順に重きを置いて指導している。1セクションに出てくる③レベルの語は（学年によっても違うが）そんなに多くない。2，3年生の場合，それらは授業の中でつづりまで覚えてしまうことが可能だ。
　そこでどうやって①②③の語彙の選定をするかだ。東京都では，現在文科省検定教科書の6冊全部が使われている。そこで，入試の観点から前任校では次のように③の語彙選定を行った。
ア）6社全部で使われている語（注釈なしで都立高校入試問題に使われる）
　　（頻度数6）
イ）トピックの関係で1社のみが使っていない語（頻度数5）
ウ）4社で使われている語で英語科3人で相談して，これは是非ライティングまで持っていきたいと判断した語。
　また，2005年度（平成17年度）に都中英研研究部では，研究部推奨発表語彙（written）を635語選定した。以下にリストをあげる。ぜひ「中学生がライティングで使用できるまで指導するべき語彙」の選定の参考にしてほしい。

都中英研研究部推奨発表語彙リスト（written）635 語

アルファベット順

a, able, about, act, after, afternoon, again, age, ago, air, all, alone, along, already, also, always, am, among, an, and, angry, animal, another, answer, any, anyone, anything, April, are, arm, around, arrive, as, ask, at, August, aunt, away （38 語）

baby, back, bad, bag, ball, baseball, basketball, bath, be, beautiful, because, become, bed, before, begin, believe, best, better, between, big, bike, bird, birthday, black, blue, boat, body, book, borrow, both, box, boy, bread, break, breakfast, bring, brother, brown, build, burn, bus, busy, but, buy, by （45 語）

cake, call, can, car, card, care, carry, cat, catch, center, chair, change, child, choose, church, city, class, clean, close, clothes, cloudy, club, cold, color, come, cook, cool, corner, could, country, cover, cross, cry, cup, cut （35 語）

dance, dark, daughter, day, dead, dear, December, deep, desk, did, die, different, difficult, dinner, do, doctor, does, dog, door, down, draw, dream, dress, drink, drive, drop, dry, during （28 語）

each, ear, early, earth, east, easy, eat, egg, eight, either, e-mail, end, English, enjoy, enough, enter, evening, ever, every, everyone, everything, exciting, explain, eye （24 語）

face, fall, family, famous, far, fast, father, favorite, February, feel, festival, few, field, fight, fill, find, fine, finish, fire, first, fish, five, floor, fly, fond, food, foot, for, forget, four, free, Friday, friend, from, front, full, fun, future （38 語）

game, garden, get, girl, give, glad, glass, go, gold, good, grandfather, grandmother, grass, great, green, ground, group, grow, guess （19 語）

hair, half, hand, happy, hard, has, have, he, head, hear, heart, heavy, hello, help, her, here, hers, hi, high, hill, him, his, hit, hold, home, homework, hope, hot, hotel, hour, house, how, hurt, husband （34 語）

I, ice, idea, if, important, in, inside, interested, interesting, into, invite, is, island, it, its （15 語）

January, Japan, Japanese, jeans, job, July, June, junior, just （9 語）

keep, kill, kind, king, know （5語）

lake, land, language, large, last, late, later, lead, learn, leave, left, leg, lend, lesson, let, let's, letter, life, light, like, line, listen, little, live, long, look, lose, lot, love, low, lunch （31語）

make, man, many, March, may, May, maybe, me, meet, milk, mind, mine, minute, Monday, money, month, moon, more, morning, most, mother, mountain, mouth, move, movie, Mr., Mrs., Ms., much, music, must, my （32語）

name, near, need, never, new, news, newspaper, next, nice, night, nine, no, north, not, nothing, November, now, number （18語）

October, of, off, office, often, old, on, once, one, only, open, or, other, our, ours, out, over （17語）

paper, parent, park, part, party, pass, past, pay, people, person, pick, picture, piece, place, plan, plant, plastic, play, please, point, police, poor, popular, practice, present, president, pretty, price, promise, pull, put （31語）

question, quiet （2語）

radio, rain, raise, reach, read, ready, real, really, reason, red, remember, return, rice, rich, ride, right, rise, river, road, room, rule, run （22語）

sad, same, Saturday, save, say, school, science, sea, second, see, send, September, set, seven, shall, shape, she, ship, shop, shopping, short, should, shout, show, sick, side, sign, since, sing, sister, sit, six, sleep, small, smell, smile, snow, so, soccer, some, someone, something, sometimes, somewhere, son, song, soon, sorry, south, space, speak, special, spend, sport, spring, stand, star, start, station, stay, step, still, stop, store, story, street, strong, student, study, such, summer, sun, Sunday, sunny, sure, surprise, swim （77語）

table, take, talk, tall, tea, teach, teacher, team, tear, telephone, tell, ten, tennis, test, than, thank, that, the, their, theirs, them, then, there, these, they, thing, think, third, this, those, three, through, throw, Thursday, time, to, today, together, tomorrow, too, top, touch, town, train, travel, tree, trip, trouble, try, Tuesday, turn, two （52語）

uncle, under, uniform, up, us, use, useful, usually （8語）

very, visit, voice （3語）

> wait, walk, wall, want, war, warm, was, wash, watch, water, way, we, wear, Wednesday, week, well, were, what, when, where, which, white, who, whose, why, wide, wife, will, win, window, winter, with, without, woman, wood, word, work, world, worry, would, write, wrong　(42語)
> yard, year, yellow, yes, yesterday, yet, you, young, your, yours　(10語)
>
> 総計　635語

第8節　60秒クイズと90秒クイズ（3年生）

　田尻悟郎先生（現関西大学教授）がお作りになった，『自己表現お助けブック』（教育出版）の中の「どどい表現集（副詞(句)編・前置詞(句)編）」「基本動詞一覧表」「不規則動詞変化表」を使って，日本語→英語の素早い変換練習をしている。言語1→言語2への変換は，頭の中のチャンネルをカチャカチャ切り替える連続で高度な言語操作だが，句レベルまでならそれほどの負担はない。

　一方，次にあげたのは3年生1月から受験直前まで使用する自作教材である。受験直前で連語・熟語の最終確認ができるので生徒に好評だ。やり方は次の通りである。

①ペアになってプリントを交換する。
②片方が英語を隠して，日本語を見て英語を言う。ぱっと言えない場合は，Let me skip it. と言ってパスすることができる。
③もう片方は，相手が正しく言えたらYes. / O.K. / Uh-huh. などと言いながら□にチェックマークを入れる。正しくなければNo. と言う。
④60 / 90秒経ったら正しく言えた数を数えてあげ，交替する。
⑤教師は何点チェックが入ったか，前回より改善されたか，などを質問する。

60秒クイズ「連語・熟語編」①

at home	□□□	家で（に）
stop ~ing	□□□	~するのをやめる
go to bed	□□□	寝る
look forward to ~	□□□	~を楽しみにする（toの後は名詞）

look like ~	☐☐☐	~に似ている，~のように見える
It takes ~.	☐☐☐	~かかる（時間）
hurry up	☐☐☐	急ぐ
every day	☐☐☐	毎日
at full speed	☐☐☐	全速力で
look for ~	☐☐☐	~をさがす
be fond of ~	☐☐☐	~が好きである = like
a cup of ~	☐☐☐	カップ1杯の~
How about ~?	☐☐☐	~はいかがですか
belong to ~	☐☐☐	~に所属している
must not ~	☐☐☐	~をしてはいけない = Don't ~.
be going to ~	☐☐☐	~をする予定である = will
be able to ~	☐☐☐	~ができる = can, could
It ~ (for A) to	☐☐☐	(Aさんが)…することは~だ
call on ~	☐☐☐	~を訪問する = visit
Shall I ~?	☐☐☐	~しましょうか = Do / Would you like / want me to ~?
have to ~	☐☐☐	~しなければならない = must
a lot of ~	☐☐☐	たくさんの~ = many, much, lots of, plenty of
because of ~	☐☐☐	~のせいで
a pair of ~	☐☐☐	1組の~
from A till B	☐☐☐	AからBまで
all day long	☐☐☐	一日中 = from morning till night
all of the ~	☐☐☐	すべての~
try to ~	☐☐☐	~しようとする，~しようと努力する
any other + 単数名詞	☐☐☐	他のどんな~
go out of ~	☐☐☐	~から外へ出る
finish ~ing	☐☐☐	~し終える
go for a walk	☐☐☐	散歩に行く
at once	☐☐☐	すぐに
be in time for ~	☐☐☐	~に間に合う ↔ be late for ~
come back	☐☐☐	帰って来る
I wonder ~.	☐☐☐	~かしら

60秒クイズ「連語・熟語編」②

as ～ as ...	□□□	…と同じくらい～
get up	□□□	起きる
not (no) as ～ as ...	□□□	…ほど～でない
Will you ～?	□□□	～してくれませんか
turn (to the) right	□□□	右へ曲がる
Shall we ～?	□□□	～しましょうか
between A and B	□□□	AとBの間に
be good at ～	□□□	～が上手だ，得意だ
go out	□□□	外出する
leave A for B	□□□	A地点を出発してB地点に向かう
listen to ～	□□□	～を聞く
call up	□□□	電話をかける
go away	□□□	去る
enjoy ～ing	□□□	～することを楽しむ
see ～ off	□□□	～を見送る
pick ～ up	□□□	～を（車で）拾う，車に乗せて運ぶ
for a long time	□□□	長い間
be known to ～	□□□	～に知られている
don't have to ～	□□□	～する必要はない，～しなくてもよい
be afraid of ～	□□□	～をこわがる
go around ～	□□□	～のまわりを行く
either A or B	□□□	AかBかどちらか一方
each other	□□□	お互いに
wait a minute	□□□	ちょっと待つ＝wait (for) a second, just a minute
write to ～	□□□	～に手紙を書く
How long is it ～?	□□□	どのくらい時間がかかりますか（所要時間をきく）
How far is it ～?	□□□	どのくらい遠いですか（距離をきく）
over there	□□□	あっちで，あちらで（に）
be made of ～	□□□	～でできている（材料）
be made from ～	□□□	～から作られている，～からできている（原料）
both of ～	□□□	～の両方とも
both A and B	□□□	AもBも両方とも
not only ～ but (also) ...	□□□	～だけではなく…も

60秒クイズ「連語・熟語編」③

a piece of ~	□□□	1片の~（うしろに数えられない名詞）
be interested in ~	□□□	~に興味がある
bring up ~	□□□	~を育てる
be brought up	□□□	育てられた
be caught in a shower	□□□	にわか雨にあう
be covered with ~	□□□	~でおおわれている
leave for ~	□□□	~へ向かう
on ~'s way to ...	□□□	~が…へ行く途中に
hear from ~	□□□	~から便りがある
make friends with ~	□□□	~と友達になる
go on a picnic/hike/trip	□□□	ピクニック（ハイキング，旅行）に行く
talk to ~	□□□	~に話しかける，~と話をする = talk with ~
lose ~'s way	□□□	道に迷う = get lost
all by ~self	□□□	ひとりぼっちで
be famous for ~	□□□	~で有名である
~ and so on	□□□	~など = ~ and so forth
take up ~	□□□	~を取り上げる，~を持ち上げる
laugh at ~	□□□	~を笑う
many years ago	□□□	昔
I hope ~.	□□□	~だといいと思う
get well	□□□	よくなる，回復する
I beg your pardon?	□□□	もう一回言ってください = Sorry? / Pardon?
Here you are.	□□□	はい，どうぞ（何かを渡すときに使う）
of course	□□□	もちろん
You are welcome.	□□□	どういたしまして
How many ~s?	□□□	いくつ？
I'm afraid ~.	□□□	（残念な気持ちを表して）~と思う
in time	□□□	（時間に）間にあって
by mail	□□□	郵便で
stay in bed	□□□	寝込む
talk about ~	□□□	~について話す
think about ~	□□□	~のことを考える

instead of 〜	□□□	〜の代わりに
so 〜 (that) ...	□□□	とても〜なので…
形容詞(副詞)＋enough to 〜	□□□	〜するほど形容詞(副詞)…＝so ... that ○ can 〜
look around	□□□	あたりを見回す
too 〜 to ...	□□□	とても〜なので…できない＝so 〜 that ○ can't ...
be surprised at 〜	□□□	〜を見て驚く

第9節　語彙指導の成果

　2008年12月に，現任校の1年生に1学期インプットした動詞がどれほど定着したかを調査した。生徒がアウトプットした動詞句は68にのぼった。以下がその記録である。

動詞のコロケーションをアウトプットさせた授業実践例

(2008年12月18日2校時，24日（水）1校時　1年B組の授業)
(2009年2月10日1校時，12日（木）2校時　1年A組の授業)

0　クラスの背景

　1年B組　男子7名，女子8名。1学期は他の先生，2学期は北原が担当。1学期中に動詞40個を音声で入れた。
　1年A組　男子8名，女子7名。1学期は北原，2学期は他の先生，3学期は北原が担当。B組に比較して学力の高い生徒が多い。定期テストではB組より10点ほど上回ったこともある。宿題などもよくやってくる。

1　授業の中の位置づけ

　1年B組
　　45分授業の前半は，これまでに習ったクリスマスソング3曲を歌った。("We Wish You a Merry Christmas" と "Santa Claus Is Comin' to Town" はカラオケで，"Silent Night" は歌つきで) その後の30分程度を該当の活動にあてた。

1年A組

50分授業の前半は，歌 "Yesterday" と「クイック Q&A」を行った。

2 指導の手順
① 生徒一人一人に動詞をあげさせ，それに続く語句を1つだけ全員にノートに書かせた（つづりは間違えてもよい，と指示した）。したがって，生徒は最初に頭に浮かんだ語句を書くことになる。
② 書いた生徒は立ち上がって，友達が書いたさまざまな答えを見るように指示した。
③ 教師が一人一人に書いた答えを言わせて板書した。
④ 全部終わったら，「小学校のときに口にしたことのあるのはどれ？」とたずねた。

3 生徒が書いたコロケーション

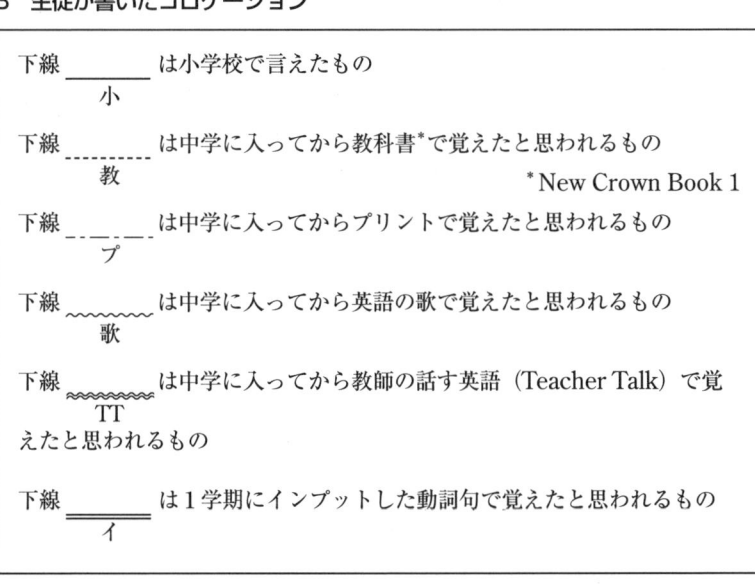

下線 _____ は小学校で言えたもの 　　　　小
下線 ------- は中学に入ってから教科書*で覚えたと思われるもの 　　　　教 　　　　　　　　　　　　　　　　　　*New Crown Book 1
下線 -・-・- は中学に入ってからプリントで覚えたと思われるもの 　　　　プ
下線 ～～～ は中学に入ってから英語の歌で覚えたと思われるもの 　　　　歌
下線 ～～～ は中学に入ってから教師の話す英語（Teacher Talk）で覚えたと思われるもの 　　　　TT
下線 ====== は1学期にインプットした動詞句で覚えたと思われるもの 　　　　イ

1. play：tennis / baseball / basketball / volleyball / soccer / badminton,
　　　　　 教　　　 プ　　　　 プ　　　　　 プ　　　　　 教　　　　 プ
　　　　　 the piano, games
　　　　　　　 教

2. eat：fruit, dinner, breakfast, lunch, an apple, pizza
　　　　　　　 プ　　　 プ　　　　 教

147

3. run：in the park, to the park, very fast, to school, in the ground, to Tokyo Midtown
   プ　　　　　　　　　　プ

4. walk：to school, home, in the park, to the park, with my friend, to Tokyo Tower, on the road
   プ　　　TT　　プ

5. speak：English / Japanese / Spanish, to Paul, to my mother
   小　　　小　　　教　　教

6. swim：in the pool, in the sea
   TT　　　　TT

7. practice：football every day, kendo, judo, piano, for the contest
   教　　　　プ　　プ　　TT　　TT

8. go：to school, to the park, to the hospital, to the mountain,
   小　　　　小　　　　TT　　　　TT
   to high school, to Okinawa, shopping, to the sports center,
   イ　　　　小　　　　小
   before eight o'clock, home
   TT

9. cook：lunch, dinner, without my mother's help, Chinese lunch
   イ　　プ

10. open：your desk(?), your book / notebook, the door, the window
    イ　　　TT　　　　　　　　　　イ

11. choose：the lunch, in over one minute, their lunches
    教

12. touch：your desk, the book, my desk
    イ

13. do：my homework
    イ

14. close：your book / textbooks, the door, my book, this curtain, my room door, the window
    イ　　　TT
    イ

15. catch：a bird, a / the ball

16. study：English, about Akasaka
    教

17. read：a book, my textbook, a difficult word, a sentence
    小　　　　　　　　　　　　　　TT

18. sing：a song, a folk song
    イ

19. write：your name, *kanji*, a letter
    イ　　　　　教

148

20. pick : <u>the flower</u>, this flower
    　　　　　　教
21. take : <u>a picture</u>, <u>a bath</u> , <u>a pen</u>, lunch, a bag, <u>out</u>
    　　　　　　教　　　イ　　TT　　　　　　　　TT
22. clean : <u>my room</u>, my desk, <u>your room</u>, the mountain, <u>the blackboard</u>,
    　　　　　　プ　　　　　　　イ　　　　　　　　　　　TT
    <u>the floor</u>
    　TT
23. make : <u>*sushi*</u>, *takoyaki*, *onigiri*, <u>a sentence</u>, cakes, games, dinner, a
    　　　　　　イ　　　　　　　　　　　　　　TT
    robot, pizza

24. talk : to Ken, <u>in Japanese</u>, <u>with my friends</u>
    　　　　　　　　　TT　　　　　　　TT
25. use : <u>a computer</u>, <u>a pencil</u>, a ball, <u>a bike</u>, a textbook
    　　　　　　イ　　　　　TT　　　　　　　TT
26. look : <u>at this</u>, <u>at this board</u>, <u>at the flower</u>, <u>at the picture</u>
    　　　　　　教　　　　TT　　　　　　　教　　　　　　TT
27. watch : <u>TV</u>, <u>an NHK program</u>
    　　　　　　イ　　　　プ
28. tell : my mother, my telephone number, <u>me</u>, my friends, <u>the answer</u>,
    　　　　　　　　　　　　　　　　　　　TT　　　　　　　　　TT
    a story

29. live : <u>in Tokyo</u>, in the park, in Japan, in Akasaka
    　　　　　　教
30. stand : <u>up</u>
    　　　　　　TT
31. ski : in the mountain

32. stop : the car, eating dinner

33. treasure : <u>my friends</u>
    　　　　　　　教
34. want : a game, <u>money</u>, <u>a break</u>
    　　　　　　　　TT　　　　教
35. cut : <u>my hair</u>, a book
    　　　　　TT
36. ask : about Akasaka

37. start : the car, a game, a movie

38. drink : juice, <u>some tea</u>
    　　　　　　　　　イ

39. know : the game, Spanish a little

40. find : in the park

41. say : <u>my name</u>, the name, me
　　　　　歌

42. need : the shop, more money, a pen, a new notebook, <u>more</u>
　　　　　　　　　　　　　　　　　　　　　　　　　　　　　　教

43. see : <u>a movie</u>, the sky, <u>six birds</u>
　　　　　プ　　　　　　　　教

44. receive : <u>a letter</u>, a card
　　　　　　　教

45. mean : なし

46. like : baseball, math, music, <u>apples</u>
　　　　　　　　　　　　　　　　　小

47. teach : <u>English</u>, math, Japanese
　　　　　　イ

48. create : a dream

49. have : <u>a ball in my bag</u>, <u>lunch</u>, a dream, a pen, a notebook
　　　　　　　　教　　　　　　教

50. push : my car, the door, <u>the switch</u>
　　　　　　　　　　　　　　　TT

51. look : at a picture, at the floor, at birds, at the trees, at people, <u>at the blackboard</u>
　　　　　　　　　　　　　　　　　　　　　　　　　　　　　　　　　　　　　TT

52. buy : a car, a bike, a notebook, toys

53. jump : なし

54. shake : a drink, a cocktail, <u>hands</u>, your hips
　　　　　　　　　　　　　　　　TT

55. call : my friend, my mother

56. get : a notebook, a ball, money, a new car, <u>up at seven</u>, <u>home</u>
　　　　　　　　　　　　　　　　　　　　　　　プ　　　　　プ

57. fly : <u>away</u>
　　　　　歌

58. ride : a bike

59. cry : me, your baby

60. come：here, to school, home
　　　　　　～～　～～～～～～
　　　　　　TT　　TT
61. think：なし

62. begin：to rain, with a capital A

63. lose：money

64. sit：down

65. visit：the Lake District, my friends' home

　　　　　　　　教
66. hide：my desk, from my friends

67. want：a ball, your pen, fruits, a break, your money, new shoes
　　　　　　　　　　　　　　　　　------
　　　　　　　　　　　　　　　　　　　教
68. hold：up

総計 68 語

＊小学校で習った語句の表出が少ない理由を生徒に聞いてみたところ，次のようなものがあがった。
・ALTが一人で話している。
・英語のできる生徒がそれをすぐに日本語に訳してしまう。
・話す活動があまりなかった。

第10節　語彙指導に関する生徒の感想

　現任校に異動して初めて教えた2,3年生は1,2年間前任者に教わってきて私の授業を受けることになった。最初はとまどいもあったようだが，1学期が終わる頃には次のようなメッセージを残してくれた。語彙指導について驚きの声が多い。（下線は筆者）

語彙の増強に関する生徒の記述
「1学期の英語学習を振り返って」より抜粋

【できるようになったこと】
● 3年生発展コース
・先生の new words の教え方のおかげで新しい単語を<u>はやく覚えられる</u>ようになり，語いが増えました。実際に授業や生活の中に英語を用いて授業で習った単語などを使っています。
・new words はこの場で覚えてしまうのでとても楽です。しかも<u>毎回やるから頭に自然に入ってきてテストの時使えました。</u>
・<u>英単語の力が前よりついた。</u>辞書が前より速く引けるようになった。辞書を引く回数が増えた。連語の力が前よりついた。英語を使うことが増えた。時間を無駄にしないようになった。わからない単語が出てきたら辞書を引いて単語の他の意味のところも見るようにした。
・辞書をはやく引けるようになった。英単語を多く知った。時間をうまく活用できるようになった。色々な熟語を知るようになった。
・今まで辞書を使う機会が全然なく，引き方もわからなかったけど，この1学期で毎回使うようになったので引き方もわかったし，速く引けるようになったのでとてもよかった。<u>授業中に単語の綴りも覚えるので家での時間をとらなくてすんだ。</u>
・辞書を速く引くことができるようになりました。がんばったことは授業中わからなかった単語や熟語を辞書で調べたことです。
・文法だけでなく単語も書けるようになった。一番進歩したのは辞書を引くのが前に比べてかくだんに速くなったこと。
・形容詞に ly をつけると副詞になることや「dangerous と famous のように ous の発音が同じ単語を挙げなさい」などと言われたときは<u>自分のボキャブラリーを確かめたり，人の言った自分の知らない単語を知ったりして，ボキャブラリーを増やすこともできました。</u>
・今まで英語の辞書を引くのが究極に遅かったのだが，すこしだけ速く引けるよう

になった。単語などをたくさんおぼえ，ボキャブラリーが増えた。

●2年生発展コース
・第二にボキャブラリー，語い能力です。
・昨年まではわからない単語がたくさんあって，わからない単語はてきとうによんでいました。けれど，今年度から北原先生に教えてもらったおかげでわからない単語が減りました。北原先生の授業は<u>同じ単語を何回も繰り返し読むのでとても覚えられました</u>。
・新しく出てきた単語を<u>1度にたくさん覚えられるようになった</u>。単語の下に線が引いてあるところの発音や同じような発音の単語も一緒に覚えられた。
・辞典を速く引くことができるようになりました。以前は何回もスペルを見直して引いていたため，かなり遅かったです。ですが，この1学期の中で単語もよく覚えられるようになり，スペルを見直すことが少なくなりました。
・<u>単語の読みや書きを学校でやることによって家でやる手間がはぶけたので</u>，1年生の時よりは焦らずに家で勉強ができるようになりました。
・単語や文を覚えるのが苦手だったが，今はある程度覚えられるようになってきている。また<u>発音からつづりをイメージするということの力がついてきた</u>ような気がする。
・単語が分からないものがあったが，英語の授業を通じて分かるようになり，書けるようになった。
・英和辞典で単語を引くのが慣れてスピードが速くなった。また，辞典をすぐひくことが習慣付いて疑問をそのままにしなくなった。
・授業でいろいろな単語を知って意味も分かるようになりました。そしてテストに役立たせることができました。先生からもらったインデックスで辞書を引くのが速くなりました。
・単語をより多く覚えられた。知らなかった単語をそくざに辞典を引いてしらべることができるようになった。
・難しくて分からない単語が出てきた時，英和辞典で調べるくせがついた。だから自分的にも単語をいろんな種類知ることができたから，文章を作る能力もついてきたと思う。音読を何度もやってきた事により<u>単語や文章を音で覚えようと考えるようになった</u>。授業中に単語を覚えようとも思えた。

第6章 音読指導

第1節 語学習得に音読が不可欠なわけ

　英語教育における音読の重要性については論を俟たないだろう。30年以上に及ぶ私の実践の中でも音読は中核を占める。さまざまなデータから最近では次のようなことがわかってきた。

① 音読は頭の中に英語の回路を作るのに役立つ

　昨今の英語教育ではインプットの重要性が叫ばれているが，インプットとは何であろうか。赤ちゃんがことばを覚える過程では母親，父親をはじめとして周りの人から多くの母語のシャワーを浴びる。そして，頭の中に母語の回路が形成される（acoustic image）。最新の脳科学では，その回路を通して発話が始まると考えられている。

　一方，日本における中学生の言語環境はどうであろうか。自分から求めれば，テレビ，ラジオをはじめとしてCD，書籍などから英語を聞くことは困難ではない。しかし，自分から何もしない限り，生徒が耳にする英語は学校の英語授業に限られるのだ。その授業ですら週3時間しかなく，教師が意識して自身の口やCDなどの音源で英語を聞かせようとしない限り，誠にお粗末な量にしかならない。要するに絶対的にインプットの量が不足するのだ。

　音読はリーディング活動ではあるが，自分の声を自分の耳から取り込んでいくことからインプットとして考えられる（その際に正しい発音や抑揚でない音読の仕方だと効果はない。だから発音指導は大切なのである）。私の生徒たちは，授業があった日は家で最低25回は同じページを音読することになっている。50回以上音読する生徒もクラスの1／3はいる（平成21年度1年生は全員）。中1が終わった段階で，教科書をスラスラ音読できない生徒は一人もいない。

② 音読はスピーキングへの橋渡しである

　音読を重ね，たくさんの英語を頭の中に蓄積すると，発話に必要な表現がアウトプットされやすくなる。

③ 1，2年の教科書をスラスラ音読できるようになると，初めて見た英文でも英語らしいイントネーションで読むことができる

　中1の3月に絵本などのauthentic教材を使って，朗読や暗唱といったパフォーマンス活動を行う。その際に教師が彼らの音読を指導することはない。それまでに1年間近く指導した教科書の音読が，初めて見る英文に対して有効に

働くのだ。授業参観に来られたり，講演会などで私の生徒たちのそういったパフォーマンス活動を映像でご覧になった先生方はみな驚かれる。該当の英文の音読指導をしていない，と言うとさらに驚かれる。

「教科書は音読できても，教科書とは違った英文だとちゃんと読めないのではないか？ すべての英文のパターンを覚えなければならないのだろうか？ とすればそれはとてつもなく大変なことだ」 これは実は私自身が中学3年のときに考えていたことだ。しかし高校に入って，そんな気持ちは全くなくなった。クラスの友人に「北原おい，お前音読うまいな」と言われたのだ。それは中学時代にたくさん聞いたり歌ったりした洋楽のおかげだった。

第2節　音読指導の基本～全員が教科書をスラスラ読めるように～

語彙指導，発音指導を第5章，第3章のように進めながら，教科書の音読を並行して指導する。音読はともすれば単調な活動になりがちなので，生徒の発達段階や授業での位置づけ，次に控える活動などによって適時使い分けて「単調な繰り返し」に陥らないように配慮したい。

1．音読までの授業の流れ

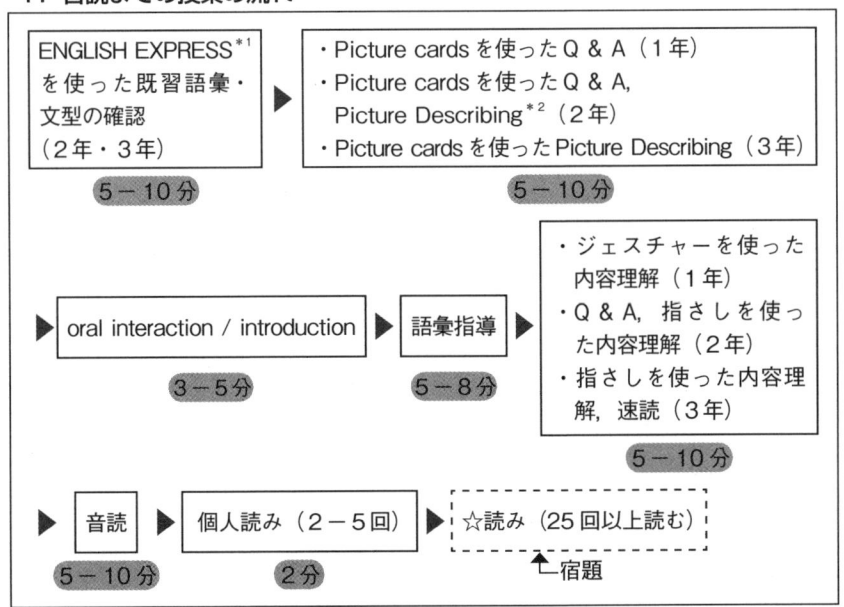

ENGLISH EXPRESS*1 を使った既習語彙・文型の確認（2年・3年） 5-10分

・Picture cards を使った Q & A（1年）
・Picture cards を使った Q & A，Picture Describing*2（2年）
・Picture cards を使った Picture Describing（3年）
5-10分

oral interaction / introduction 3-5分

語彙指導 5-8分

・ジェスチャーを使った内容理解（1年）
・Q & A，指さしを使った内容理解（2年）
・指さしを使った内容理解，速読（3年）
5-10分

音読 5-10分

個人読み（2-5回） 2分

☆読み（25回以上読む）
↑宿題

3年生は音読の回数を減らし，速読・skimming・scanning中心で授業を組み立てている。

*1 語彙・文法復習プリント「ENGLISH EXPRESS」については，第4章第3節の2および下巻第2章第3節を参照
*2 Picture Describingについて詳しくは第8章第9節を参照

2．音読指導の実際

主な音読の種類は以下であり，下へ行くほどスピーキングに近くなる。(『英語教師の知恵袋』上巻（1997年 開隆堂出版）参照)

① Repeat after T/CD

教師・CDなどモデルの後について読む。

短い文や生徒が言いやすい文は1～2回ですませ，難しい発音の語を含む文や，新出文法事項を含む文はsense groupごとに切って読ませたり，文尾の語から前に語を足していって読ませるなどの工夫が必要である。

② Paced Reading

モデルと一緒に同じスピード，同じピッチ（音の高低）で音読する方法で，強音・弱音をつかんだり，イントネーションをつかむのに有効な音読法である。私はCDを使って3～4回行っている。

③ Shadowing（開本，閉本）

モデルを聞いたらすぐにその音を再生する音読法である。

これはもともとは同時通訳の訓練法であるが，中学生にも十分効果のある音読法である。「リピーティング」という呼び方もある。私は教科書を見ながら2～3回，あまり見ないようにして1回，教科書を閉じて私のジェスチャーをヒントに1回行っている。

④ Read, Look up and Say

一度教科書の1文を目で見てから顔をあげてその文を言う音読法で，音読をスピーキングにつなげる音読法である。スキットの前の音読練習として効果的である。

⑤ Response Recitation（閉本）

モデル音読が終わった後の文を続けて言う。

⑥ Gesture Reading

ジェスチャーをつけて読む。→閉本のまま教師のジェスチャーに合わせて文を言う。(DVD『NHK教育テレビ・わくわく授業 ―わたしの教え方―』第5

巻（2008 ベネッセコーポレーション）参照）

⑦ Pair Reading

ペアで片方が本文を読む（閉本）。もう一方は，教科書を見ながら即興で内容を変えて（行間に新たな文を挿入して）いく。スピーキングへの橋渡しとなる。

⑧ Buzz Reading

自分のペースで音読練習する。生徒は本文を5回読んだら☆印を1つ教科書の余白に書くようになっている（☆読み）。

3．音読の継続

音読を家庭で継続できるようにいろいろな工夫がある。私はもっぱら①の方法を取っている。

① ☆読み

教科書を5回読んだら余白に☆印を1つ書く。5つ以上書くことが宿題。

② 音読世界一周

読んだ回数により世界地図をわたっていく。

③ 保護者のサイン

家族に音読を聞いてもらってサインをもらう。

④ 音読マラソン

他社の教科書を学校予算で1クラス分購入して，自由に貸し出しして音読させる。

＊音読指導の理論編については，『英語教師の知恵袋』上巻（1997年 開隆堂出版）参照
＊音読指導の実際については，DVD『6-way Street』（2003年 BUMBLEBEE & MEDICOM）上巻Disc 1 参照

第3節　音読はどこまでが必要十分か

授業で教科書本文を音読したら，その日の宿題は音読である。5回読んだら教科書の余白に☆印を1つ書く。全員最低5つの☆を書いてくることが宿題だ。これを「☆読み（星読み）」という。ところでなんで☆5つなのだろうか。これは私の師である長先生から聞いたことだが，学年の真ん中の生徒が☆1つ×5回＝25回音読すると本文を自然に覚えるということだ。私も実践してみ

てその通りだと感じた。

　長先生は生徒に「暗記しなさい」とは決して言ってはいけないと言われた。「暗記しなさい」と言ったら，生徒は発音もイントネーションも無視して覚えることに意識を集中させるからだ。発音とイントネーションを無視した英文を頭に入れても，正しいインプットになっていないから，頭に英語の回路を作るのには役立たない。

　自分が英語が苦手だと思っている生徒や，評定が2以下の生徒は☆の数は5つでは足りない。6つ，7つ，いや10くらい必要かもしれない。しかし，いくつでいいかは教師にもわからない。本人しかわからないのだ。目安は，次の時間に教師が示すジェスチャーに対して，教科書を閉じて本文が再生できるかどうかだ。

　また私は生徒に次のように言っている。「クラスで自分より少し英語ができる友達が，☆をいくつ書いてくるかをいつも気にしなさい。その子より自分の☆の数が少なかったら，まず追いつくことはできません。その子より多くの☆の数だけ音読をしていらっしゃい」　要するに手近な目標を与えるわけだ。

　逆に英語が比較的できる生徒には「無駄な音読はするな」と言っている。生徒の日常生活は本当に忙しい。その中で英語の復習に割ける時間は本当に少ない。「短い時間（少ない回数）で効果を感じたらそれでよしとしなさい」と言っている。

第4節　ジェスチャーリーディング

　「英語は難しい」「なかなか覚えられない」　そう言う生徒は多い。それならば全身を使って英語に取り組ませようと思い，音読の際にジェスチャーをつけさせた。最初が肝心なので，1年生の最初からHello. My name is ....と言うときは「片手をあげて，次に自分の胸に手を置いて，名札をさすようにして」，Nice to meet you.は「笑顔で握手をするジェスチャーで」，といった具合である。Iとmyのときには自分の胸に手を置き，Youとyourのときには掌を上に向けて相手をさす。一語一語にジェスチャーをつける必要はなく，音読とシンクロするようにジェスチャーをつけさせた。すると生徒から「覚えやすい」という感想が返ってきた。身体は動作を記憶しているから，ことばを忘れてもジェスチャーがことばを引っぱり出してくれる。しかも語順指導もあまり要らなくなった。このジェスチャーリーディングは，2003年に放送されたNHK

『わくわく授業』をご覧になった方々から絶賛された。
　ジェスチャーを使用することには次のように多くの利点がある。
- ・理解・表現に日本語を介さない（one channel activity）
- ・英語の語順が自然に身につく
- ・たとえ忘れてもジェスチャーがことばを引っぱり出す
- ・意識が内容語に向かうため，機能語の使い方が潜在化（無意識化・自動化）される。自動化ができるようになると発話がスムーズになる

第5節　音読テスト

　音読指導は1年生のうちが勝負だ。音読テストの運営や評価については，第3章第2節で述べた。学期に1回は，音読テストや発音クリニックを実施して生徒の音読の進展具合を把握する。しかし，2年生になると中だるみからか，音読をおろそかにする生徒も出てくる。そこで2年生になっても音読テストをした方がいい。次の例は前任校での1年生と2年生の実践例で生徒に渡したものだが，評価項目や評価基準などを参考にしてほしい。

1年生　夏休み学習教室参加資格争奪　音読テスト

1　日時　：　3組…7月6日（木）6校時
　　　　　　4組…7月7日（金）3校時
　　　　　　5組…7月4日（火）5校時
　　　　　　6組…7月5日（水）3校時

2　場所　：　3，4組の人は3組教室
　　　　　　5，6組の人は5組教室

3　テスト範囲　：　Lesson 1 - 3 の教科書本文

4　やり方　：　①出席番号順に行う。
　　　　　　②5人単位で教科書を持って，第2視聴覚室からテスト会場の教室へ移動する。
　　　　　　③出席番号の先頭の生徒がくじを引く。そのくじに書いてあ

るレッスン・セクション（1〜2ページ）を順に読む（1人30秒くらい）。
④読む前に出席番号と名前，そしてLesson 1 − 3の☆の合計数を言う（あらかじめ計算しておくこと）。
⑤読み終わった人は第2視聴覚室に戻る。
⑥前のグループが3人戻ってきたら次のグループが移動する。それぞれのグループの3番目の人は，第2視聴覚室に戻ったら「次のグループの人は移動してください」と呼びかけること。

5　評価　：　A^+…発音が日本人離れしている。帰国生徒と間違えるほど。
　　　　　　A…スラスラと正しい発音・アクセント・リズムで読めている。
　　　　　　B…1，2の間違いがある。1，2回つっかえる。
　　　　　　C…間違いが多い。つっかえる回数が多い。
　　　　　　D…途中で止まってしまって最後まで読めない。

　　　　　＊評価がCとDの人は夏休み学習教室参加資格がもらえます。

今からでも遅くない。しっかり練習しよう！
平成16年度後期　2年生音読テスト

October, 2004

　来週のグレン先生の授業で音読テストを実施します。よく練習して普段の力を発揮してください。

1　テスト箇所
　　教科書p.52（Lesson 6 A）全部

2　月日
　　10月19日（火）3校時…3組
　　　　 21日（木）1校時…5組，3校時…4組

3　評価項目

① イントネーション
② 個々の語の発音
③ スピード

4　評価規準
① 英語らしい音の流れ：音の上げ下げ，強弱，音のつながり，区切りができているか。
② 子音がはっきり発音されているか。
③ ある程度以上のスピードを保って読んでいるか。

5　評価基準
A　　　ネイティブの発音に近い
B⁺　　 日本人としてはとてもうまい
B　　　日本人中学2年生としては十分合格
B⁻　　 通じるぎりぎり
C　　　通じない

6　やり方
① 2号館3階の掲示板に貼ってあるグループが一緒にテスト教室（2年生の普通クラス）に入る。順番はグループA→B→C…。同じグループ内では出席番号順。
② 前のグループの3人目が帰ってきたら，次のグループが視聴覚室を出る。テスト教室の前で静かに待つ。
③ テストを受ける順（①参照）に入室し，奥の椅子からつめて座る。
④ テストの前に Good morning / afternoon.　My student number is ○○. とクラス名と出席番号を言う。
⑤ 音読を始める。
⑥ 終わったら Thank you. と言って静かに退出する。
⑦ グループの3番目の生徒は視聴覚室の前のドアから入る（次のグループにわかるように）。

＊結果はすぐに掲示します。

第6節　音読指導その他の工夫

1．市販のワークブックを使った音読指導

　北原メソッドでは，市販のワークブックを音読チェックの目的で使っている。教科書を使った音読指導をがっちりやっているので，どの生徒でも教科書はスラスラ読めるようになっている。次は教科書以外の英文がスラスラ読めるようになってほしい。とは言ってもいきなり難しい英文を読ませるのは厳しいので，教科書本文の中の単語をちょっと変えたくらいのワークブックの例文がちょうどいいのだ。

　前の時間に教科書本文の音読が終わったら，☆読みとワークブックをやることが宿題の定番になっている。次の時間ワークブックの答えを1人1文ずつ順に音読させる。正しい発音とイントネーションだったらその他の生徒が繰り返す（つまり，聞いている生徒も音に集中する）。こうした指導を1年間継続すると，1年生の3月には英語の絵本を正しいイントネーションでスラスラ朗読できるようになる。

2．少しの時間で多くの練習

　同じ活動をするのでも，ちょっとした工夫で活動量が倍になったり3倍になったりする。例えば，新出語句をCDの後についてリピートする場合は「2回，できれば3回繰り返しなさい」と言う。同様に，本文の1文1文も2回ずつ言わせるようにするとよい。教材のCDの中にはポーズが長いものがあるが，そんなときでもダレずに緊張感を持ってスピード感とリズム感のある活動を保つことができる。

3．朗読活動

　1年間の音読の総まとめとして，3学期の最後に絵本の読み聞かせをさせる。これまでに使ったのは "Olivia"（イアン・ファルコナー作・画　2001年度コールデコット銀賞受賞作）と "Grandma Baba's Warming Ideas!"（原著さとうわきこ 2004年　TUTTLE PUBLISHING）である。班を作って役を決めて練習させる。本番は絵本をビデオカメラの前に立てて録画する。教科書以外の本をこんなにスラスラ読めて，生徒はこれまでの音読の威力を知ってびっくりしていた（詳しくは，第8章第6節「紙芝居」を参照）。

第7節　音読に関する生徒の感想

「2学期の英語学習を振り返って」より抜粋

【できるようになったこと】

●1年B組
・今は習っている単語は全てといっていい程，すぐに浮かぶようになりました。これはやっぱり「☆読み」のおかげだなと思いました。
・教科書にのっている文がだいたい読んだり発音したりできるようになった。
・会話の部分はわからなくて友達にきいてたけどだんだん自分でよめるようになった。
・教科書の文をスラスラ大きい声で読むこと。
・文を読むことができる。教科書を読むことができる。
・音読を1学期よりもすらすらできるようになった。

●2年生発展コース
・教科書をすらすら読めるようになった。
・教科書の文をCDの早さに合わせて読むとき，だいたいついていけるようになってきた。英語の歌は86.2％程度ついていけるようになってきた。

第7章以降のためのまえがき

「教材作りができない！」
　前任校の狛江第一中学校では少人数（習熟度別）クラス編成を行って，3人の英語教師が全学年を指導していた。つまり，どの学年も3人で教えていたことになる。その際に一番頭を悩ますことが共通の教材だった。初年度（2002年度）は三人三様のワークシートを使っていた。しかし徐々に私が前々任校で使っていた教材キットが効果があることが理解されて，2年目からはほとんどの部分で私が作成した教材を使った。
　3人共通で私の教材を使うもう一つの理由は，新しく教材を作る暇がなかなか取れないということである。現行の教育課程になってから，「絶対評価」「総合的な学習」「選択幅の拡大」などで我々教師の仕事は格段に増えた。組織で動く校務分掌や学年の仕事を優先して，授業の準備はいつも一番後回しになる。学校生活の中で一番大切な授業の準備が最後とは情けない話であるが，日本全国どこでもそんな状況だ。
　また少人数授業の教師側のマイナス面としては，複数学年，複数コースを指導することから，複数の教材が常に必要なことがあげられる。例えば前任校で，私はある年に次のように4つの異なった生徒集団を教えていた。
① 1年生基礎コース2クラス
② 2年北原コース2クラス
③ 3年基礎コース2クラス
④ 2年選択
　これらの準備は本当に大変である。独身のときのように時間が自由になる年齢ではないから，新しい教材を開発するには時間不足になってしまう。そこでいきおい，過去に使って効果のあった教材群を中心にせざるを得ない。共通の教材を用意して毎年それらを使うようにすれば，打ち合わせ時間も短縮できる。
　以上の理由から，私は「この言語材料のときにはこの教材」「この学年のこの時期にはこのパフォーマンステスト」のように，定番の教材をたくさん用意してきた。しかし，これでいいわけがない。同じ学年とは言っても，生徒は毎年替わるわけだから常に新しい教材を作らなければならない。また私のような年配の教師はともかく，若い先生方が教材開発できなくては困る。
　幸い現在ではすぐれた教材がたくさんあるので，若い先生方はそういった教材を使いつつ，教材作りの視点を養って自分なりの教材を目指せばいいだろう。第7章以降では，北原メソッドで使われて有効であった教材を4技能ごとに提示する（リーディング，ライティングについては下巻に掲載する）。

第7章 リスニング指導

　1989〜1990年度（平成元年〜2年度），私は「英語を聞くことの指導」（文部省）という指導資料を作成する委員の一人として，参考となるリスニング教材捜しに奔走していた。しかし，当時日本人中学生のためのまとまったリスニング教材がほとんどないことに気づき，1991年偶然機会を得て，かつて学んだ英国エクセター大学へ資料集めに旅立った。現地で恩師の先生のアドバイスを受けながら，初級のリスニング教材を探し出して山ほど購入した。そしてそれらを持って帰って参考にしながら，ALTと2人で自分たちの生徒に合った教材作りを続けた。悩みながら作っては授業で試し，学期末に実施したアンケート調査で生徒の支持の高いものだけを残し，残りは捨てていった。あれから20年近くが経過した今，私は生徒のリスニング能力を最も伸ばしたのは，実は毎日私やALTが話す英語（Teacher Talk）ではないかと思っている。本章では，現在の私のリスニング指導とTeacher Talkを中心に話を進めたい。

第1節　データから

　以下は，1999年度（平成11年度）末に町田市立本町田中学校1年生を対象としたアンケートの，リスニングに関わる項目である。

次の活動の中で面白かった／ためになった活動は？	面白かった	ためになった
ア　リスニングトレーニング	60名	67名
イ　北原先生が絵を使って本文内容の説明をするのを聞く	33	44
ウ　シンシア先生とのティームティーチング	53	41
エ　教科書本文のモデルを聞く	12	23
オ　北原先生やシンシア先生が話す英語を聞く	46	47
カ　Mr. Bean(ホラー映画)を先生が実況中継するのを聞く	62	21

　圧倒的に多いのが「リスニングトレーニング」である（第2節で詳説）。この教材は，この章の最初に書いたものが元になっている。6割の生徒が「楽しい」と感じ，7割の生徒が「ためになった」と感じている。これはこれで成功

と呼べるであろう。
　同じリスニング活動だが，2年生になると次のように広がりを見せる。
(2000年度末調査)

ア　リスニングトレーニング
イ　北原先生が絵を使って本文内容の説明をするのを聞く
ウ　シンシア先生とのティームティーチング
エ　教科書本文のモデルを聞く
オ　北原先生やシンシア先生が話す英語を聞く
カ　L1, 2でやった教科書レッスン全体に関するリスニング（シンシア先生）
キ　Word Definition Game（シンシア先生が言う英語を聞いてその単語を当てる）
ク　先輩のスピーチ（将来の夢）ビデオを聞き取る
ケ　ビデオ 'Merry Christmas, Mr. Bean' のビーンと恋人の会話を聞き取る
コ　ビデオ 'Christmas Presents' のせりふを聞き取る
サ　NZ交換留学生Tim君の自己紹介を聞き取る
シ　チャップリンの映画（Limelight）を使ってのリスニング

　上の活動を分類すると次のようになる。
ア…「リスニングトレーニング」　1年間定期的継続的に使用
イ〜オ…Teacher Talk（またはそれに類したもの）
カ〜シ…単発的で，ある特定のトピックについてのリスニング（内容の面白さや生徒の身近な話題で生徒を引きつける）
　要するに先に書いたように，私の授業は基本的にアの教材とTeacher Talkを主な柱にしていることがわかる。
　それではアの教材を生徒がどう思っているのか，生徒の作文を見てみよう。以下の文は，3年生になった生徒が後輩の新2年生に贈った英語学習のアドバイスからの抜粋である（下線は筆者）。

・楽しかったことはリスニングトレーニングで，1年の習いたてのときよりあきらかに上達していくので楽しい。
・とくにリスニングトレーニングはかなりためになったと思います。外国の映

- 画などを見ていても少しだけだが聞き取れるようになったと自分では思います。
- 自分はあまりリスニングが得意ではないから何回もやっているうちにだんだん聞き取れるようになってきてすごくうれしい。だからこれからもリスニングトレーニングをやってほしい。
- リスニングトレーニングはとてもためになり，そして楽しくできたと思います。
- リスニングはあまりためにならないと思っていたが，実はとてもためになったと思う。東京都の中学校を対象にしたテストでは和田中の2年，男子，女子ともに上位へ入るすばらしい成績に正直びっくりした。これは北原先生の授業のすばらしさやわかりやすさがこの成績をあらわしたのだと思っている。

　これら生徒の作文から効果のある教材とは何か，が浮き彫りにされていると言えよう。
①楽しくできること
　生徒の身近な話題をベースに作っていく。少しチャレンジングなものも含めるとよい。
　「楽しい」とは，何もゲーム的なものばかりをさすのではない。生徒の精神年齢を考慮して作ったリスニング教材なら，きっと「楽しい」と思わせることができるだろう。
②向上が学習者本人に自覚できること
　数字などで学習者に進展が確認できるようにする。年間の記録用紙を作り，その都度結果を記入させるのも手である。
③1年間（3年間）継続してできること
　教師がいろいろな教材を研究して（それ自体は大変素晴らしいことである），今回はこれ，次回はこれ，とあちこちから教材をコピー（違法です）してきて生徒に与えている場合があるが，生徒の手元には多くのプリントが残るだけで，トータルとしてリスニング能力がついたか疑問の残ることがある。教科書にシラバスがあるように，リスニング指導にもシラバスがあって当然である。その場しのぎの教材は紙飛行機になるだけだ。

第2節　LISTENING TRAINING "POWERED"

　1998年（平成10年）に私が仲間と一緒に作った教材，『中学生のためのLISTENING TRAINING POWERED』のコンセプトは次の通りである。

　そこで，「楽しく聞いているうちに自然と力がつく教材」を目指して英米のリスニング教材を数多く研究し，日本の教科書の文法事項の配列を考慮に入れてできあがったのが「リスニングトレーニング」初版本であった。これは実際の授業で使われて効果のあった教材や，生徒に人気のあった教材を集大成したもので，全国の多くの学校で採用されて現在に至っている。

　今回，その初版本のよい点は引き継ぎ，改善すべきところは改善した改訂版が出版の運びとなった。改訂版『中学生のためのLISTENING TRAINING POWERED』は以下の編集方針のもとに作成されたものである。

① 現行版の最大のコンセプトである「楽しさ」を今回も基本とした。
② 現行版の問題の中で使いにくいもの，生徒の反応がよくなかったものを削除した。
③ 特に入門期であるレベル1で可能な限り，基本を押さえる「基礎編」と生徒のチャレンジ精神に応える「チャレンジ編」の二本立てとした。
④ 現行版で問題数が少なかったレベル2，3を充実させた。
⑤ レベル2，3でスポーツ実況中継などのauthentic materialsのリスニングを導入した。
⑥ レベル2，3で実際に定期テストに出題した問題を導入した。

（巻頭言より抜粋）

＊この教材は秀文出版より刊行。のち学校図書より発売され2008年度末で絶版となったが，続編が発刊される予定である。

　この教材は定価が18,000円だった。生徒用のワークシートはコピーフリーで，必要に応じて教師が印刷して使うようになっている。前任校ではこれを全学年の教材費として購入した。全校生徒数約300名の学校だったので，1人当たり60円を徴収すればよかった。3年生なら60円で1年間使えるし，2年生なら年間で30円，1年生にいたっては年間で20円のコストしかかからなかった。しかも生徒に「リスニング力がついた」と定評のある教材である。一例を挙げてみよう。

LISTENING TRAINING レベル 2 − 1

「現在？ 過去？」

問題1 （基礎編）

次の文が過去のことを言っている場合はK，現在のことを言っている場合はGを（ ）内に書きましょう。

1 （　） 　2 （　） 　3 （　） 　4 （　） 　5 （　）
6 （　） 　7 （　） 　8 （　） 　9 （　） 　10 （　）

Tapescript
Question 1
1. I play tennis every day.
2. I played basketball last Sunday.
3. I usually reach school at eight.
4. I reached school at 8:20 this morning.
5. Sarah talks with her sister.
6. Mr. Hill listened to the radio yesterday.
7. We talked with an American boy.
8. My father cooked dinner last night.
9. Linda opens the box.
10. Kathy loved you.

問題2 （チャレンジ編）

今度は否定文や疑問文も出てくるよ。do, does, did を聞きのがさないでね。

1 （　） 　2 （　） 　3 （　） 　4 （　） 　5 （　）
6 （　） 　7 （　） 　8 （　） 　9 （　） 　10 （　）

Tapescript
Question 2
1. My brother finished high school.
2. How did you like Japan?
3. I didn't like it.
4. Did she listen to the CD?
5. Bob once lived in Texas.
6. Where do you work?

> 7. May doesn't clean her room.
> 8. What are you looking at?
> 9. Did you say yes?
> 10. We don't start early in the morning.

　この教材の特徴は，生徒の興味を引く内容であることとチャレンジングな内容である。例えば上の例で言うと，過去形のマーカーとして過去を表す副詞句（yesterday, last night, this morning など）があればわかりやすいが，生徒が本当に過去形の語尾変化を聞き取っているのかをチェックするために，あえて時を表す副詞句を使っていない問題がある。（問題1の5，7，9，10番）

第3節　Teacher Talk

　これは教材ではない。毎時間教師が話す英語のことである。私はできるだけ英語を使って授業をし，既習表現を聴かせて確認させたり，これから学習する表現を伏線的に話したりしている。私の生徒のリスニング力の源は，第2節のリスニングトレーニングとこの Teacher Talk であると言っても過言ではない。

1．英語で授業をするとは？

　ここ数年，あちこちで授業を見せていただく機会がある。どれも若くて熱意のある先生方の授業で，準備に相当な時間をかけたと思われる授業である。教材研究も充分にし，随所に公開授業・研究会で学んだと推察される内容があふれ，先生独自の工夫が見られることが多い。英語を多く使おうとした授業であることも共通している。しかし，最後の「英語を多く使おうとした」という部分に私はひっかかりを感じることがある。それは以下のような点である。

①あいさつと生徒の指示だけで終わっている

　これは，いわゆる従前からあった classroom English の域を出ないものである。あいさつも指示も，同じことを何十回となく繰り返していると，言語というより記号化してくるのだ。そこでは生徒のリスニング能力の進展は期待できない。

②先生の話す英語が生徒のレベルをはるかに超えている

生徒の未習語などに無頓着で，先生が一方的に話している例。授業の流れとは関係ないことが多いので，その後の活動には支障をきたすことはないが，何のため？　と思わせることがある。今一度 comprehensible input の意味を考えてみたい。
③ metalanguage を使う
「授業は all English で」と意気込んで，何でもかんでも英語を使おうとする。文法の説明にまで英語を使っても，それは時間のロスであろう。有効な日本語の使い方を考えたい。
④ 生徒の反応が心配だからか，すぐ後に日本語訳を言う
生徒は次に日本語で説明がある，と思えば教師の英語は聞かない。英語を使っていながら生徒の注意を日本語に引きつける結果になり，リスニング能力をつけることはむずかしい。

「とにかく教師が授業中に英語を使えば，生徒はリスニング能力をつけるようになる」——日本の英語教育の現状からすると，この考え方には無駄が多い。
それでは，どうしたら効率的な input が与えられるだろうか。我々に時間は限られているのだ。そう考えると，授業の前にその日生徒に語りかけることばを選んだり，吟味したりする準備が必要であろう。「シャワーのように」とはよく言われるが，それは考えなしにだらだらと話すことを決して意味しない。ときには日本語を使うことがずっと有効なことだってある。

2．都中英研研究部の研究

私が部長を務める都中英研研究部では 1992～1997（平成 4～9）年度の 6 年間，Teacher Talk の研究をしてきた。その中からリスニング指導に関してわかったことは次の通りである（研究冊子『語いと英語教育』が研究部ホームページに掲載されているので参照されたい：http://www.eigo.org/kenkyu）。

1　Teacher Talk の必要性，活用（1993 年度研究冊子から）
①授業者の Speaking ability を伸ばしたり，保持したりするのに役に立つ。
②Listening に対する生徒の心理的な Barrier（障害）を取り除くのに役に立つ。
③生徒の Listening ability を伸ばす。
④語彙数（特に受容語彙）を増やしたり，教科書の新出単語などを先取りし

てinputすることができる。
　⑤1年間または3年間などの長期的な見通しを持って，意識的・段階的にinputすることができる。
　⑥日々の体験を通してcross-cultural的なことを理解させることができる。

2　Teacher TalkとStudent Talkの割合について（1995年度研究冊子から）
　旧東京都立教育研究所の基礎研究と海外の先行研究によると，生徒の発話量を確保したつもりでも，教師の発話数が（1単位時間の）総発話数の70％を下回ることは難しい。だからその発話内容を吟味して，生徒に有効なinputとなるようにすべきだ。

3　学習者に聞いた「聞く」力を最もつけた授業内活動（1997年度研究冊子から）
　中学3年生約1000人（10校）を対象に行った「英語学習法アンケート」の結果，リスニングに役立つものとして，授業内ではTeacher Talkを選んだ生徒がいちばん多かった。また自由記述欄でもTeacher Talkを選んだ生徒が最も多かった。
＊参照…第10回「英検」研究助成　C．調査部門『Successful Learnersの英語学習法－生徒へのアンケート調査結果分析－』共同研究1998（代表－東京学芸大学附属世田谷中学校　太田洋）

3．Teacher Talkの例

　以下は，上述した『語いと英語教育（16）Teacher Talk（1）』（1992年度研究冊子）よりの抜粋である。

Language used when moving students

NOTE
The following expressions are written in 'imperative form' due to space. 'Imperative form' could be replaced with 'Please ～', 'Will / Can you ～?', or 'I want / would like you to ～' in real classroom situation.

1　Whole Class into Fixed Pairs
We are going to do some pair practice.　(2)

> Next activity is/will be fixed pair work. (1)
> Make pairs. / Make usual pairs. (1)
> Get/Put your desks together: front to front. (1)
> I'll be your partner. (in case the number of the students is odd) (1)
> Let's / We'll begin the fixed pair work. (1)
> Practice in your groups.
> Find a partner.
> Stand up and make pairs with your neighbour.
> Turn your desks around.
> Turn round face to face.
> Turn round and face the next person to you.
> Find your partner around you.
> Practice with your partner. (1)
> Who is single? （休みの生徒がいたとき，近くの人をさして）Practice with them. All right? (1)
> We are going to work/play in pairs.
> Boys, you make pairs with girls and girls, you make pairs with boys. (1)
> Boy-boy/Girl-girl pairs, please. (1)
> Find someone (whom) you haven't make a pair with yet. (3)
> Let's practice reading in pairs.

第4節　リスニング・ゲーム

　TTのときなどに，ALTの英語を聞き取るゲームをいくつかやっている。そのうちの2つを紹介しよう。

Card Snatching Game

目的	：	既習の単語の復習
		教科書と違った文脈で使われる語を識別する。
		会話の先を読んでどの語が使われるか予測する。
時期	：	テスト直前（試験範囲の新出語を使う）

使用するもの	:	フラッシュカード（または単語カード）
時間	:	10～15分
準備	:	机といすをどかしてスペースを作る。
		真ん中にカードを散らし，それらをはさんでいすを2脚おく。生徒はグループごとにカードのまわりに座る（プレーの順番をグループ内であらかじめ決めておく）。
活動	:	①ALTと日本人教師はカードをはさんで向かい合って座る。
		②各グループの第1プレーヤーは上履きを脱いで立つ。
		③床のカードの語を使ってcasual conversationを始める。
		④各プレーヤーは2人の教師の言う英語を聞いて，聞き取った単語カードを素早く取る。
		⑤第2プレーヤーにかわる。
		⑥お手つきは1回休み。
		⑦カードが残り少なくなったら，教師はまぎらわしい語をわざと会話にいれる。
		例：At the party I always eat fruit ... salad.
		⑧カードがなくなった時点で，一番多い枚数のカードを持ったグループが勝ち。
利点	:	戦略的リスニング能力の育成。弱音の聞き取り。教師の会話力の保持。
留意事項	:	騒がしくなりすぎるのを防止する。
		例1：生徒の声が大きくなってきたら，その分教師のボリュームを落とす。→静かにしないと聞こえないように。
		例2：生徒への注意の中にさりげなく，カードの語を忍ばせる。(Don't talk, everybody! We can't continue this game! Students, please stay back. If you're noisy, you must go away.)
使用カード	:	New Horizon 2 Lesson 1 & 2 （平成5年度版）

---

subject sport(s) member volunteer club sick game call
the United States of America talk math show famous smile garden
back only half hard wrong happy excuse another fruit punch
song No, thank you. come on dance easy try good-looking boy
saw girl went go up to said answer

| さりげない使い方 | : | OK, everyone, let's start the game. Try your best.
（始まりのときに）
Oh, no. You took the wrong card.（お手つきのときに）
Excuse me, Mr. Morrison.
Hey, students! Come on!（なかなか取れないときに） |

Word Definition Game

目的	:	既習単語の復習 単語の持つ意味を聞いて理解する。
時期	:	定期テストの直前（試験範囲の新出語を使う）
使用するもの	:	フラッシュカード（または単語カード），教科書
時間	:	10〜15分
準備	:	班ごとに机をつける。プレー順を決める。 教室の後のほうにカードを散らす。 ALTと日本人教師とでどの単語を使うか，打ち合わせておく。
活動	:	① 各グループの第1プレーヤーは，外へ出てALTから単語の定義を聞く。 ② 目指す単語がわかれば，直接カードを取って日本人教師に見せて発音する。 ③ どの単語のことを言われているのかわからない場合は，班に戻ってみんなと相談する。班員は教科書を見てもよい。 ④ それでもわからない場合は再び外に出てALTに聞く。 ⑤ 難しい定義の場合はポイントを増やすなどする。 ⑥ 生徒のレベルによって出題する問題の難易を調節する。 ⑦ 活動終了時に一番たくさんのポイントを獲得したグループの勝ち。
使用した語の定義：		New Crown 2 Lesson 2 & 3 より

LESSON 2

report	This is something you tell to someone.
page	You turn this over when you read books.

made	I usually make sushi, but yesterday I mmmmm sandwiches.
paper	This is made from wood.　You write on it.
clean	The blackboard is dirty.　It's not mmmmm.
water	You can't live without this.　It comes out of the sky.　It has no colors or smell.
fan	You made this with Japanese paper in Nagano last year.
hour	This has sixty minutes.　A day has 24 mmmmm.
half	(Teacher draws a circle.) This word means this part. (pointing to the half)
long	This is the opposite word of 'short'.
tired	After you do a lot of things in a short time, you'll become like this.
interesting	I don't like math. It's boring. But I like science. It's mmmmm.
lot	This means 'many' or 'much'.
came	I usually come to school by train, but today I mmmmm by bike.
write	This is an action you do with a pen or a pencil.　You need some paper.
sit	This is the opposite word of 'stand'.
straight	(Teacher draws two lines.) This line is a curve.　And this line is mmmmm.
USE IT 2	
home	This is similar to 'house'.　The word 'house' means the building itself, but this word means inside the house.
shopping	You go to Harajuku or Shibuya to do this.　You need money.
DO IT TALK 2	
carry	You do this action with a bag or other containers.
wonderful	This is similar to 'nice', 'great', 'fantastic', or 'excellent'.
WORD CORNER 2	
sunny	If you see the sun, the weather is mmmmm.
cloudy	If you see a lot of clouds, the weather is mmmmm.
rainy	Now it is the mmmmm season in Kanto area.

sun	You have only one. It gives out heat and light.
cloud	They are floating in the sky. Their color is white.
rain	This is a kind of water. It comes down from the sky.
snow	This also comes down from the sky when it's cold or freezing. Its color is white.
LESSON 3	
remain	This word is similar to 'stay'.
world	This is another expression of 'the earth'. There are many countries there.
sell	It's the opposite word of 'buy'.
buy	You give out some money and get something in return.
zoo	There are a lot of animals and birds there. We have two of them in Tokyo; one in Tama and the other in Ueno.
large	This means 'big'.
space	Please step aside. We need more mmmmm here.
wild	Some people keep horses. But there are horses with no owners in fields. They are called mmmmm horses.
cage	If you keep small animals like squirrels and birds, you need this.
survive	There were four people in the house before the fire. One was dead, two injured and one mmmmm.
cut	You do this action with a knife or a pair of scissors.
wood	After you cut down trees, they will become this.
farm	There are some kinds of animals such as chickens, cows, pigs and goats. There are also some vegetables and even flowers. You went there in Yatsugatake last year. The owner of this is called a 'farmer'.
land	There are two main things on the earth; the sea and this. There are also two things in Tokyo Disney Resort.
food	It is something you eat.
agree	If you say yes and your friend says yes, you and your friend mmmmm.

| tomorrow | Yesterday, today and mmmm. |

利点　：　この活動は単語の意味を日本語で理解しているだけではなく，多角的に理解し使えるかどうかを試すいい活動である。定期テストにそのままリスニングテストとして出題できるし，リーディングテストとしてもよい。

第5節　オーラル・イントロダクション

　オーラル・イントロダクションの目的は，教科書本文のリーディングに入る橋渡しである。生徒が自分で読み進めることができない段階では，教師は簡単な英語を使って背景知識などを話してやる。教科書は語彙制限や行数制限があるために，できるだけ短く書かれている場合が多い。例えれば骨格のようなもので，それ自体では逆に内容理解が難しい場合がある。筋肉や皮膚などを補って初めてヒトとして認識できるように，教科書本文にも簡単な解説や例を示してやれば内容理解は容易になってくる。その補う活動をリスニングとして行うわけである。

　以下は私のオーラル・イントロダクションの典型例である。
① 生徒の知っている情報は生徒に言わせる。
　生徒はキャラクターについてすごくいろいろなことを知っている。生徒が言えることは教師が言わないで，生徒に言わせるべきである。

```
1年生1学期………T：Who is this girl?　Ss：Aya.　　（クラス全員で）
　　2学期以降…T：Who is this girl?　Ss：She is Aya.（クラス全員で）
2年生……………T：Who is this girl?　S1：She is Aya.　　（個人が手
　　　　　　　　　　を挙げて）→英検3級2次試験対応
3年生……………S1：That girl is Aya.
　　　　　　　　S2：She is Japanese.
　　　　　　　　S3：She goes to the same school as Ryo.
　　　　　　　　S4：She is in the English club.
　　　　　　　　S5：Mike and Sue are her friends.
```

> S6 : Aya plays the piano, but she is not a very good singer.
> （3年生はPicture Describingをする）→英検準2級2次試験対応

② 生徒の知らない新たな情報の提示。（文化，題材，文法，新出語）
　まずはgist（概要）をつかませる。そして新出語をしっかり聞かせることが大切である。できれば語の意味を推測できるような文脈に変えて提示したい。

第6節　リスニング活動に関する生徒の感想

「2学期の英語学習を振り返って」より抜粋

【できるようになったこと】
●1年B組
・簡単な英語が聞き取れて理解できるようになった。
・リスニングで聞きのがしのないように聞き取ること。
・英語の映画を見ていてたまに「今，多分習ったやつ言ったな」と分かるときもあります。
・長い文などもだいぶ聞き取れるようになってきた。

●2年生発展コース
・リスニングのレベルが上がった。
・今学期はリスニングと読解力があがったと思います。
・その他にも今学期は英検3級をとった。中でも輝いた自分の能力はリスニングだった。1次試験のリスニングは9割正解ととても良かった。
・リスニングで言っている内容が分かるようになった。
・あとは基礎英語3（中学3年生レベル）のスキットの内容が2回聞くと70%理解できるようになった（基礎英語1のスキットはもちろん1回で理解可能）。

●3年生発展コース
・またリスニングもだんだん聞き取れやすくなったと感じた。1学期よりも能力はあがった。
・リスニングが前よりできるようになった。
・ヒアリング力も前よりはついてきたと思う。

第8章 スピーキング指導

　私が使用している／いたスピーキング教材やスピーキング活動は多岐にわたるが，この章では常時使用しているものを紹介する。また章の後半では最近効果があったものも紹介したい。

第1節　スーパー・ペアワーク

　長勝彦先生（当時墨田区立両国中学校）のペアワーク実践に触発されて，1988年度（昭和63年度）東京都教育開発委員会で仲間と一緒に作ったペアワーク集が原形。同僚のALTの援助を得ながら作っては生徒アンケートを実施し，評判の悪いものは作り直して，「実際に生徒に支持されたものばかり」を集め1995年（平成7年）に刊行した。3年間で学習する主な文法事項をほぼ網羅したペアワーク集である（正進社から出版され，現在は絶版となっている）。例を1つあげるので自作するときの参考にしてほしい。

PAIRWORK No. 6　「職務質問ゲーム」

（過去形総復習・職業名　2年）

基本文型
Police officer : <u>What are you?</u>
Suspect 1 : I'm a <u>doctor</u>.
Police officer : Well, <u>what did you do yesterday?</u> / OK.　You can go now.
Suspect 1 : Let me see, I <u>answered the phone</u> (last night).
Police officer : Come to the police station with me. / OK.　You can go now.

> 自分と同じ職業で昨日同じことをした人をあなたの机までしょっぴいて来なさい。早く犯人を見つけたら，有能な警察官として1点あげる。
> 　　　　　　　　　　　　　　　　　　　和田警察署長　林家でぶ平

Vocabulary 1

doctor	singer	TV star	driver	stylist
医者				スタイリスト

Vocabulary 2

cleaned a room yesterday morning　　saw Mr. X yesterday
washed the dishes last evening　　answered the phone last night
came from the U.S.A. yesterday　　went to Shinjuku yesterday

活動のやり方
① 基本文型を教師の後について練習する。
② Vocabulary1, 2を教師の後について練習する。
③ 基本文型にVocabulary1, 2の語句を代入して練習する（パターン・プラクティス）。

Vocabulary 1
T：I'm a doctor.
Ss：I'm a doctor.
T：singer
Ss：I'm a singer.
T：TV star
Ss：I'm a TV star.
　　（以下同様）

Vocabulary 2
T：Let me see, I answered the phone last night.
Ss：Let me see, I answered the phone last night.
T：cleaned a room yesterday morning
Ss：Let me see, I cleaned a room yesterday morning.
T：saw Mr. X yesterday
Ss：Let me see, I saw Mr. X yesterday.
　　（以下同様）

④ 生徒を相手にモデルを見せる。
　T：What are you?
　S1：I'm a driver.
　T：OK.　You can go now.
　T：What are you?
　S2：I'm a stylist.
　T：Well, what did you do yesterday?
　S2：Let me see, I came from the U.S.A. yesterday.
　T：Come to the police station with me.

⑤ 生徒は自分が誰か，昨日何をしたかを選ぶ。
⑥ 生徒は立ち上がって教室を歩き，クラスメートに質問をしたり，答えたりする（最初に話しかけた方が警官という設定にする）。
⑦ 自分と同じ職業で同じことをした人が見つかったら，逮捕して自分の席（留置場）まで連れてきて座らせる。そしてさらに活動を続ける。
　教師は教室内を移動しながら生徒の発話をモニターする。このときに共通なエラーを発見したら，活動をやめさせて練習段階に戻る。
⑧ 3分間で一番犯人を捕まえた列（班）が勝ち。
⑨ 教師はペアワークがきちんと行われたか確認し，最後に英語が苦手な生徒を相手にペアワークをする。

解説

　Vocabulary 1 に5つのアイテム，Vocabulary 2 に6つのアイテムがあり，組み合わせは 5 × 6 = 30 通りある。自分と同じ答えを選んだ生徒は，クラスに1人だけいる確率になる。
　一度捕まっても教師の「脱獄タイム！」の合図と共に解放される，というバリエーションも楽しい。

第2節　クイックＱ＆Ａ

　1年生で学習した疑問文とその答え方を確実に身につけるために，復習として2年生1学期に毎時間実施している活動である。英問英答が即座にできるようになる。日本語を介さない one channel activity である。

クイックＱ＆Ａ　疑問文と答え方

2年生用

１年生の英語がマスターできたか，できていないかは，疑問文とその答え方がわかっているかによります。２年生になりましたが，１学期のうちに１年生の復習をしておきましょう。

紙を見ないでさっと言えるようになったら，一番左の欄の□を塗りつぶしましょう。

疑問文	答え方
1　あいさつ	1　Greeting
□ 1. How are you?	□ 1. (I'm) Good, thank you.
□ 2. How are you doing?	□ 2. I'm doing fine, thank you.
□ 3. How do you do?	□ 3. How do you do?
2　天気	2　Weather
□ 1. How's the weather today?	□ 1. It's fine/cloudy/rainy.
□ 2. What's the weather like today?	□ 2. It's fine/cloudy/rainy.
□ 3. How was the weather yesterday?	□ 3. It was fine/cloudy/rainy.
□ 4. How will the weather be tomorrow?	□ 4. It'll be fine/cloudy/rainy.
□ 5. Is it fine today?	□ 5. Yes, it is. / No, it isn't.
□ 6. Was it rainy yesterday?	□ 6. Yes, it was. / No, it wasn't.
□ 7. Will it be fine tomorrow?	□ 7. I hope so.
3　名前，出身，年齢，身長	3　Name, Hometown, Age, Height
□ 1. What's your name?	□ 1. My name is ...
□ 2. May/Can I have your name, please?	□ 2. Sure.　My name is ...
□ 3. Where are you from?	□ 3. I'm from Japan.
□ 4. Where do you come from?	□ 4. I come from Tokyo.
□ 5. What's your hometown?	□ 5. My hometown is Komae.
□ 6. How old are you?	□ 6. I'm fifteen years old.
□ 7. May/Can I ask your age?	□ 7. Certainly.　I'm fifteen.
□ 8. How tall are you?	□ 8. I'm 160 centimeters tall.
4　職業	4　Job/Profession
□ 1. Are you a student or do you have a job?	□ 1. I'm a student. / I work for a bank.
□ 2. What are you?	□ 2. I'm a taxi driver.
□ 3. What do you do (for living)?	□ 3. I'm a doctor.
□ 4. Can/May I ask your profession?	□ 4. OK.　I'm a taxi driver.

対戦表（相手の名前を書く。勝った方に○，負けた方に×，引き分けは△）

date														
自分														
相手														

疑問文	答え方
5 家族	5 Family
☐ 1. Do you have any brothers/sisters?	☐ 1. Yes, I do.　I have two.
☐ 2. How many brothers do you have?	☐ 2. I have one. / I have no brothers.
☐ 3. What does your father do?	☐ 3. He works for a supermarket.
☐ 4. Is your brother a high school student?	☐ 4. Yes, he is. / No, he isn't.
☐ 5. Does your brother go to high school?	☐ 5. Yes, he does. / No, he doesn't.
6 住所，電話番号	6 Address, Telephone number
☐ 1. Where do you live?	☐ 1. I live in Honmachida.
☐ 2. Can/May I ask your address?	☐ 2. Why not?　My address is …
☐ 3. What's your telephone number?	☐ 3. My telephone number is …
☐ 4. Can/May I have your phone number?	☐ 4. Sure.　It's ××××-××××.
7 趣味・好み	7 Hobbies, Favorites
☐ 1. Do you have any hobbies?	☐ 1. Yes, I do.　My hobby is …
☐ 2. What's your hobby?	☐ 2. One of my hobbies is …
☐ 3. What do you do in your free time?	☐ 3. I usually play the piano.
☐ 4. Do you like judo?	☐ 4. Yes, I do. / No, I don't.
☐ 5. What's your favorite food/sport?	☐ 5. My favorite food is pizza.
8 時間	8 Time
☐ 1. What time is it now?	☐ 1. It's ten thirty.
☐ 2. Can/May I ask the time?	☐ 2. Sure.　It's eight o'clock.
☐ 3. Do you have the time?	☐ 3. It's half past ten.
☐ 4. What time do you get up?	☐ 4. I usually get up at seven.
☐ 5. When do you play baseball?	☐ 5. I play it on Sunday.
☐ 6. Do you have free time on Monday?	☐ 6. Yes, I do. / Sorry, I don't.
☐ 7. When are you free?	☐ 7. I'm free next Thursday.
☐ 8. When is your birthday?	☐ 8. My birthday is February 24.
9 場所	9 Place
☐ 1. Where do you play baseball?	☐ 1. We play it in the park.
☐ 2. Where is the school library?	☐ 2. It's on the second floor.
☐ 3. Where did you go yesterday?	☐ 3. I went to Machida.
☐ 4. Where will he visit?	☐ 4. He will visit London.

対戦表（相手の名前を書く。勝った方に○，負けた方に×，引き分けは△）

date														
自分														
相手														

クイックＱ＆Ａの使い方

　２年生になったら，４月にぜひクイックＱ＆Ａをやってほしい。「１年生で習った疑問文とその答え方を完璧マスターしよう」と生徒に呼びかけて。12週間で驚くほど力がつく。

①最初の３週間：「クイックＱ＆Ａパート１」(Ｔ－Ｓ)

　生徒はペアになり，教師のランダムな問いに対して素早く答えを言う。早く正しく言えると１点獲得（紙を見てもよいが，探していると遅くなる）。

②次の３週間：「クイックＱ＆Ａパート２」(Ｓ－Ｓ　１往復)

　生徒１が生徒２に対して５問出題する。生徒２はその質問に素早く答える。３秒以内に答え始めて正しい答えだったら生徒２が１点獲得。

③その次の３週間：「クイックＱ＆Ａパート３」(Ｓ－Ｓ　１往復半)

　答えの後で質問した生徒がリアクションを言う。

　S1：Do you have free time on Monday?
　S2：Yes, I do.
　S1：Then, let's go to see a movie.

④最後の３週間：「クイックＱ＆Ａパート４」(Ｓ－Ｓ　２往復)

　答えた生徒がさらにプラスワンを付け加える。この段階まで来ると本当のコミュニケーションと言える。

　S1：Do you have free time on Monday?
　S2：Yes, I do.
　S1：Then, let's go to see a movie.
　S2：That's a great idea.

使用上の留意点

・２年４月当初から１年の復習として行う。
・第１回目は全部の疑問文と答えの文の音読練習を十分する。
・ペアは同じくらいの英語力を持った生徒同士にする。２回目からは勝った人同士，負けた人同士が次回のペアになる。
・黙っていても生徒は勝ちたい気持ちから家で練習してくるが，教師から「前の日に家で練習すると有利になりますよ」とアドバイスするとよい。
・授業の最初の活動にすると，休み時間から練習する生徒が増える。

第3節　ピクチャーカードを使ったＱ＆Ａ

　1，2年生に対しては，教科書の本文内容をオーラルイントロダクションで説明する前に，ピクチャーカードを使ってＱ＆Ａを行っている。
たとえば教科書のキャラクターについての例をあげてみる。
●1年生用
　　T：Who is this girl?
　　S：Kumi.
　　T：OK.　Where is she from?
　　S：From Japan.
　　1年生はこのようにコーラスでshort answerで答えてよい。

●2年生用
　　T：Who is this girl?
　　S1：She is Kumi.
　　T：OK.　Where is she from?
　　S2：She is from Japan.
　　T：Good.　Any other information about Kumi?
　　S3：Ken is her classmate.
　　S4：She knows soft tennis.
　　S5：Her family name is Tanaka.
　　2年生は，このように個人で手をあげてフルセンテンスで答えるようにしている。教師の質問に答えるだけでなく，自分が知っているキャラクターについて積極的に自由に話すことができる。これは英検3級2次試験対策にもなっている。
　次にあげるのは，New Crown 1年の教科書に出てくる登場人物とその行動をまとめたものである。生徒に配布し，生徒はそれを見て登場人物がしたことなどを思い出しながらスピーキング活動を行う。また生徒は，自学として家庭でライティングノート（下巻で詳述）にどんどん書く。定期テストで「加藤健について知っていることを書きなさい」という問題を出題することもある。

第3節 ● ピクチャーカードを使ったQ&A

New Crown 1年の登場人物たち
ライティングノートに書いてみよう。

加藤 健

ページ	カテゴリー	内容
0	国籍	日本
0	居住地	日本
16	立場	中学生
12	趣味	音楽
73	楽器	フルート
37	行動	遠足でエマと同じ班
37	行動	ビニール袋を見つけた
48	行動	時々沖縄に行く
52	行動	歌がうまい
52	行動	土曜の夜に歌の練習をする
84	行動	Paul, Ratna の国語の宿題を手伝う
88	行動	Peter Rabbit について Mary に質問した
90	行動	父親は The National Trust に詳しい

【スピーキング例】
→ Ken is Japanese.
→ Ken lives in Japan.
→ He is a junior high school student.
（以下省略）

田中久美

ページ	カテゴリー	内容
0	国籍	日本
0	居住地	日本
14	立場	中学生
30	持ち物	テニスボール
31	行動	ソフトテニスを知ってる
38	行動	自然公園遠足でポールと同じ班
64	行動	ポールと映画に行った
78	行動	英語が少し話せる
78	行動	ポールに日本語を教える

Ratna Shukla

ページ	カテゴリー	内容
0	国籍	インド
0	居住地	日本
17	立場	中学生

12	趣味	音楽
36	行動	自然公園遠足の班長
84	行動	国語の宿題でhelpが必要
90	行動	家の近くに森がある

Emma Simmons		
ページ	カテゴリー	内容
0	国籍	オーストラリア
0	居住地	日本
16	立場	中学生
73	楽器	バイオリン
37	行動	自然公園遠足で健と同じ班
37	行動	6羽の鳥を見つける

Paul Green		
ページ	カテゴリー	内容
0	国籍	アメリカ
0	居住地	日本
26	立場	中学生
26	持ち物	フットボール
27	スポーツ	アメフト
28	行動	毎週末にアメフトの練習をする
31	行動	ソフトテニスを知らない
38	行動	自然公園遠足で久美と同じ班
84	行動	国語の宿題でhelpが必要
64	行動	久美と映画に行った
78	行動	日本語が少し話せる
78	行動	久美に英語を教える
79	行動	「人」「木」が読める
79	行動	「休」が読めない
80	行動	language gamesが好き

Nancy Green		
ページ	カテゴリー	内容
70	国籍	アメリカ
70	居住地	アメリカ

70	立場	高校生
70	行動	Paulの姉
70	行動	病院でボランティアをしている

Pat Miller

ページ	カテゴリー	内容
0	国籍	アメリカ
18	居住地	日本
18	立場	ALT

王明（Wang Ming）

ページ	カテゴリー	内容
0	国籍	中国
0	居住地	日本
14	立場	中学生
21	持ち物	たこ

丘先生（Mr. Oka）

ページ	カテゴリー	内容
0	国籍	日本
0	居住地	日本
36	立場	健の担任

Mary

ページ	カテゴリー	内容
88	国籍	イギリス
88	居住地	イギリス
88	立場	健の文通友達
88	行動	昨夏湖水地方に家族と行った

大地

ページ	カテゴリー	内容
0	国籍	日本
46	居住地	沖縄
46	立場	中学生
46	行動	沖縄民謡を歌う

友梨 (Yuri)

ページ	カテゴリー	内容
0	国籍	日本
46	居住地	沖縄
47	立場	中学生
46	行動	エイサーの踊り手
46	行動	ダンス部
47	行動	ダイバー

第4節　スピーチ

　1年生は，夏休み前に10文以上で自己紹介の原稿を書く。教科書に出てきた表現に加えて，補充のプリントを配って原稿を書かせる。夏休みに入る前に教師は全員の原稿をチェックして返却し，生徒は夏休みの間に原稿を見ないでスピーチをする練習をする。2学期最初の授業でビデオ撮りをして評価する。生徒にとって初めてのパフォーマンステストになるので，一人でも失敗しないように留意したい。

Let's make a speech　　　　　　　　　　赤坂中学校1年生
　　　　　　　　　　　　　　　　　　　　　　July, 2009

1学期に習った表現を使って自己紹介スピーチの原稿を作ろう。

1　話したい内容を考える。
　　あいさつ　　　Hello, everybody.　Hi, class.　Good morning, everyone.
　　名前　　　　　My name is Kato Ken.　I am Ken Kato.
　　　　　　　　　My nickname is Ken-chan.
　　　　　　　　　My friends call me Ken-chan.
　　　　　　　　　Call me Ken-chan.
　　出身　　　　　I'm from Yokohama.　I come from Machida.
　　　　　　　　　My hometown is Sagamihara.

趣味	I like soccer (very much). I love soccer. I play it every day/every Sunday/on Monday and Friday. 他に趣味で使える動詞 cook, swim, run, jog, watch, sleep, go shopping など
部活	I'm in the volleyball club. I'm on the track and field team. I'm a member of the school band.
家族	I have four members in my family. My father, my mother, my sister and me. I have two brothers. 他に家族で使える名詞 grandfather, grandmother など
ペット	I have a pet. It's a dog. His name is Koro.
特技	I play the piano well. I'm good at baseball.
その他	夏休みの思い出（過去形を使うので先生に相談してください）
終わりのことば	Thank you (very much). Thank you for listening.

2　教科書の本文から使える文を引っ張ってきて、単語を変えて使う。
　Lesson 3-2　I practice it every weekend. → I practice it every Sunday.

3　聞く人に興味を持ってもらうように工夫する。
　　ア　聞く人に問いかける　　I like natto very much. Do you like it, too?
　　　　　　　　　　　　　　　Do you know 'Karuizawa'?
　　イ　確認する　　　　　　　I like rock music, you know.
　　　　　　　　　　　　　　　You know Matsuzaka. Right?
　　ウ　つなぎのことばを使う　Well, ...　OK, ...　Now, ...

4　さまざまな動詞

get up,　take a shower,　have a shower,　take a bath,　have a bath,
　起きる　　　　　シャワーを浴びる　　　　　　　　　風呂に入る

wash my face,　go to bed,　sleep,
　　顔を洗う　　　　寝る　　　　寝る

cook breakfast,　cook lunch,　cook dinner,　clean the room,
　　朝食を作る　　　昼食を作る　　　夕食を作る　　　部屋を掃除する

eat breakfast,　have breakfast,
　　朝食をとる　　　朝食をとる

eat lunch,　eat dinner,　watch TV,　listen to music,
　　昼食をとる　　夕食をとる　　テレビを見る　　音楽を聴く

read a book,　read a newspaper,　play baseball,　play the piano,
　　本を読む　　　新聞を読む　　　　野球をする　　　ピアノを弾く

practice kendo,　study English,
　　剣道の練習をする　英語を勉強する

go to work,　go to school,　walk to school,　buy,
　　仕事に行く　　学校へ行く　　歩いて学校に行く　　買う

catch the train,　take a bus,　drink,　start,　finish,　look at ～,　smile,
　　電車に乗る　　　バスに乗る　　飲む　　始める　　終える　　～を見る　　微笑む

talk about～,　talk with ～,　talk to ～,　dance,　speak English,
　　～について話す　　～と話す　　　～と話す　　　踊る　　英語を話す

give,　take,　put,　cut,　like,　enjoy,　show,　sing,　call,
　与える　取る　置く　切る　好きだ　楽しむ　見せる　歌う　電話する

stand up,　go to the blackboard,　write your name,　sit down,
　立ち上がる　　黒板のところへ行く　　　名前を書く　　　　座る

open your books,　close your books,　read page eight,
　　本を開く　　　　　本を閉じる　　　　8ページを読む

leave for school,　laugh,
　　学校へ行く　　　笑う

answer the questions,　check your answers,　listen to me,　come here,
　　質問に答える　　　　答え合わせをする　　　私の言うのを聞く　　ここへ来る

put up your hand,　raise your hand,　make pairs,　make groups,
　　手をあげる　　　　手をあげる　　　　ペアを作る　　　グループを作る

look at the screen,　take notes,　take a memo,　work in pairs,
　　画面を見る　　　　ノートを取る　　メモを取る　　　ペアでやる

work in groups,　do my homework,　ride a bike,　take a seat,　use,
　　グループでやる　　　宿題をする　　　自転車に乗る　　席につく　　使う

sell,　speak up,　take out ～,　put ～ away,　put ～ down,　make,
　売る　大きな声で話す　～を取り出す　　～を片づける　　～を下に置く　　作る

build,　clean,　cook,　design,　drive,　paint,　catch,
　建てる　掃除する　料理する　デザインする　運転する　ペンキを塗る　つかむ

throw,　kick,　hit,　shoot,　walk,　run,　jump,　swing,　push,
　投げる　ける　打つ　シュートする　歩く　走る　ジャンプする　振る　押す

pull,　swim,　ski,　skate,　ride,　jog,　count,　pass,
　引く　泳ぐ　スキーする　スケートする　乗る　ジョギングする　数える　渡す

dribble,　dive,　block,　wake up,　brush my teeth,
　ドリブルする　飛び込む　ブロックする　目が覚める　歯を磨く

> brush my hair,　leave home,
> 　髪をとかす　　　家を出る
> cry,　break,　choose,　order,　　bring,　　join,
> 　泣く　壊す　選ぶ　オーダーする　持ってくる　加わる
> follow,　　find
> 後に続く　　見つける

第5節　スキット

　定型表現が多く含まれる対話や動きがある対話は，スキットにすることが多い。モデルダイアログの内容理解と音読が終わったら，ペアで対話の一部を変えさせる。既習表現・既習語彙をなるべく使うように奨励することがコツである（リサイクルして定着させるため）。ジェスチャーをつけて生き生きと演じるだけでなく，モデルダイアログをどれだけ変えたか，どれだけ既習表現・既習語彙を使ったかが評価のポイントである。

　スキット作りにかける時間はとても少ない。1年生でも1時間の中で教師の手助けなく内容理解，音読練習，オリジナルスキット作りを完成できる。日頃の語彙指導，発音指導，音読指導が生きている証拠である。

　スキット発表を見て相互評価と自己評価をさせる。以下は相互評価を集計して，生徒に配布した例である。

1学年スキット相互評価表
「ファーストフード店で」　Aコース　北原先生クラス

ペア	3組	4組	5組	合計	ペア	3組	4組	5組	合計
A・B	3	1	—	4	O・P	—	—	1	1
C・D	—	2	1	3	Q・R	—	2	3	5
E・F	1	—	—	1	S・T	7	4	1	13
G・H	13	10	7	30	U・V	5	5	5	15
I・J	4	5	3	12	W・X	4	4	4	12
K・L	—	1	1	2	Y・Z	1	1	—	2
M・N	3	3	2	8					

「ファーストフード店で」 Eコース　北原先生クラス

ペア	3組	4組	5組	合計	ペア	3組	4組	5組	合計
a・b	12	8	5	25	i・j	4	8	3	15
c・d	8	1	3	12	k・l	2	—	2	4
e・f	—	2	1	3	m・n	5	2	3	10
g・h	13	1	5	19					

第5回校内パフォーマンスコンテスト結果（A, Eコース）

1位…（5組）　G・Hペア　30票
2位…（3組）　a・bペア　25票
3位…（3組）　g・hペア　19票
4位…（3組）　U・Vペア　15票
4位…（4組）　i・jペア　15票

講　評

原稿段階ではどのペアもよくできていましたが，練習したペアとそうでないペアの差が激しかったです。店員役の人はもっと笑顔でやってくれたらよかったとおもいました。

以下は自己評価用紙の例である。

PINCH AND OUCH!
Skit 自己評価用紙

1年（　）組（　）番
Partner _____
DATE ____, ____, ____　　Enjoy Talking　ファーストフード店で

	評　　価		場面・工夫したところ
発　音	A B⁺ B C⁺ C	Cは不合格	場面→（　　　　　　）
自　然	A B⁺ B C⁺ C		工夫したところ
内　容	A B⁺ B C⁺ C		
総　合	A B⁺ B C⁺ C		

せりふを書き込みましょう。オリジナルの部分には赤線を引きましょう。

次にセリフを変えない「そのまんまスキット」の例を紹介する。日頃の音読がどれくらいできているかを見る。主に2年生後半から3年生が対象である。1時間の中で教師の手助けなく内容理解，音読練習，スキット発表，評価まで全部ができる。

2年生「そのまんまスキット」

Lesson 7C

Aya　：Do you have school on Thanksgiving Day in America?
Mike：No.　It's a national holiday.　But we have many things to do at school before that day.
Aya　：For example?
Mike：We have "food drives."
Aya　：What's that?
Mike：Every child must bring a can of food to class before Thanksgiving Day.　That food becomes a present for poor people.
Aya　：That's a great idea!　We can do simple things to help other people.

「そのまんまスキット」実施方法と評価

① スタディ・ペア（英語が得意な生徒と苦手な生徒がペアを組んでいる）で対話の内容理解をする。
② 終わったペアから音読練習をする。ジェスチャーをつけて，見ている人が

わかりやすいように行う。
③ 授業開始後20分後に発表を行う。
④ 評価項目
　　・音声
　　・演技
　　・スピード
⑤ 評価基準
　A……3つの項目を満たす。なめらかで違和感がない。
　B⁺…つっかえる，ジェスチャーがない，発音が今イチなど少し不満足な点がある。
　B……2,3の不満足な点があるが，まあ対話になっている。ふだんの音読練習の成果が見られる。
　B⁻…不満足な点が多いが，一応最後まで止まらずに行った。
　C……途中で止まった。

第6節　紙芝居

　年に一度は習った英語を使って楽しいことをしたい。1年生の3月にピクチャーカードを使っての紙芝居（または絵本を使っての読み聞かせ）を行っている。1年間の音読の成果が試されるときだ。
　下は生徒に配布した，練習計画と相互評価用紙である。
　この"Olivia"の他に使ったことがある絵本は以下である。"Grandma Baba's Warming Ideas!"（原著　さとうわきこ　2004年 TUTTLE PUBLISHING）

2年生進級記念　紙芝居 Olivia
written and illustrated by Ian Falconer
Atheneum Books for Young Readers, New York, 2000
OLIVIA / Ian Falconer / 2000　Anne Schwartz Book /
www.SimonSaysKids.com
ISBN 0-689-82953-1

2004年3月　1年生

配役	担当ページ	担当者
Olivia	_____	_____
Mother	_____	_____
Narrator 1	_____	_____
Narrator 2	_____	_____
Narrator 3	_____	_____
Narrator 4	_____	_____

練習日程

3月	2日(月)5校時	期末テスト返却，リスニングトレーニング①
	3日(火)1校時	3学期の自己評価，リスニングトレーニング②
	4日(水)1校時	台本渡し，グループ決め，配役決定，辞書を使って内容理解①
		Grouping, Decide the roles, Comprehension of the text using dictionaries 1
	5日(木)2校時	辞書を使って内容理解②，読み合わせ①，配役ごとに音読練習①
		Comprehension of the text using dictionaries 2, Reading practice 1
	10日(火)1校時	読み合わせ②，配役ごとに音読練習②
		Reading practice 2
	5校時	リハーサル
		Rehearsal
	11日(水)1校時	ビデオ撮り
		Video taking
	12日(木)2校時	全作品鑑賞
		Watching all the performances
	17日(火)1校時	予備
	18日(水)1校時	予備
	24日(火)1校時	コンサルテーション

	Picture Book Show "Olivia"						
	3 組						
	1 班	2 班	3 班	4 班	5 班	6 班	
Olivia							
Mother							
Narrator 1							
Narrator 2							
Narrator 3							
Narrator 4							
Narrator 5							
音声							
協力							

第7節　場面を与えて言語形式を自分で選択するスピーキング活動

　生徒は英語で言いたいことがあっても，日本語に引きずられて「言えないや」とあきらめてしまうことが多い。ところが案外，習った範囲の文法や語彙で言えるものである。そのために和文英訳ではなく，場面や機能さらには人間関係を考えさせて言語形式を選ぶ練習を2年後半〜3年で行う必要がある。
　下の例は2年生の3月に実施した実践である。

● Do you have 〜?

［準備］
　前の活動中に，他の生徒に気づかれないようにある一人の生徒の筆箱に教室の鍵を隠しておく。その生徒には内緒にするようにジェスチャーで伝える。
［導入］
（視聴覚室の鍵を捜しながら）
Key, key... Where is my key? Oh no! I can't find it anywhere. I'm afraid I've lost it somewhere. Wait. Now I remember I put it in someone's pen case. Everybody, help me find the key.
［展開］

(友達の筆箱を探す生徒もいるが，多くの生徒は教室のあちこちを探し始める。いずれも無言である）
No, no. I told you my key is in someone's pen case. Why don't you use language? Ask your friends.
(数人の生徒が話し始めるものの，多くはもごもご言っているだけ)
「こういうときにはどんな英語を使えばいいの？　1年生のレッスン1の内容だよ」
(ようやく Do you have ...? の声が響き始める。しばらく静観した後で)
「Do you have a key？　だとどんな鍵でも持っていればいいことになるよ。a じゃなくて？」(the という声があがる)
OK. Start again. Find someone who has the key. The first student who finds the person is the winner. Ready? Go.
(鍵を持っている生徒が判明したら)
[まとめ]
「ねえ，君たち，Do you have ...? って知らなかった？　使えないの？」
(生徒：知ってる。使える。)
「でもねえ，こういうときに使えないと意味ないんだよ。もう一つやってみよう」

● Are you ...?

OK, everybody. Someone in this class is sick. But he or she looks OK. Find someone who is sick.
(生徒：Are you sick? / Is you sick?)
「Is you なんてあったっけ？」
(たとえゲームであっても，Are you sick? と聞いて Yes, I am. と答えられたらそれで終わりではなく，That's too bad. / You should go home. / Go to the hospital. など続けられることが本当のコミュニケーションだとわからせたい)

● Is your father...?

Now everybody, we've found Takahashi-kun is sick. He needs to go to see a doctor. Is there a good doctor? Yes, there is. Someone's father is

a good doctor.　Find someone whose father is a doctor.
(生徒：Are you father a doctor? / Is you father a doctor? / Does your father a doctor?)
「お父さんって何人？」(生徒：一人)「じゃあ？」(生徒：Is)

● Are you liked by ...?（習ったばかりの受動態をproduceさせる方策）

OK, everybody.　In this class I like only one student.　I don't like the other students.　Sorry.　Find someone whom I like.
(生徒：Do you like ...?)
「Do you like Mr. Kitahara?だと両思いになっちゃうでしょ。そうじゃなくて片思い」
(生徒：Are you love...?)
ここで黒板に下線を書く。
＿＿＿ ＿＿＿ ＿＿＿ ＿＿＿ ＿＿＿ ＿＿＿ ＿＿＿ ＿＿＿？
生徒の反応によってヒントを書く。
＿＿＿ ＿＿＿ ＿＿＿ ＿＿＿ ＿＿＿ Mr.　Kitahara　？
A＿＿ ＿＿＿ ＿＿＿ d＿＿ ＿＿＿ Mr.　Kitahara　？
A＿ y＿＿ ＿＿＿ d b＿ ＿＿＿ Mr.　Kitahara　？

第8節　即興スピーキング

　preparedなスピーチは，指導と発表の間をあければあけるほどスピーキングとは遠くなる。そのために，スキットではなるべく間をあけないで発表させて，本当のスピーキング能力を測定することにしている。1年生では指導・作成してから発表までは3〜4日，2年生では2〜3日，3年生では内容を変えない「そのまんまスキット」の場合はその時間内，内容を変えたスキットでは次の時間としている。中学生のうちから即興で英語を発話する訓練が必要だと思う。
　次の実践例は2年生に対して行ったもので，教科書の本文を自分のことばに

替えてその場で発表させたものである。やり方は2種類。

① 教科書本文を教師が読み上げて，それと同じ内容を表す英文を生徒に言わせる。
② 教科書本文を教師が読み上げて，それに対する即興の「ツッコミ」を生徒に入れさせる。

2年生発展コース　ツッコミ・リーディング

2008年7月10日実施
実際に生徒が発話した例がS1〜S8

Ratna：Ken, what are you doing?
　S1：**Ken, what are you playing?**
Ken　：I'm playing the *mukkuri*.
　S2：***Mukkuri?　What is it?***
　　　It's an Ainu musical instrument.
Ratna：You play it well.
　S3：**You're a good player.**
　S4：**You're good at playing the *mukkuri*.**
　S5：**Thank you.**
　　　Where did you get it?
　S5：**Where did you buy it?**
Ken　：At the Ainu festival.
　S6：**Ainu festival?　Where was it?**
　S7：**At Midori Hall.**
Ratna：Was there a *mukkuri* concert?
Ken　：Yes, there was.
　S8：**Did you enjoy it?**
　　　You can hear the sounds of nature in the music.　Listen to me.

(New Crown 2年 Lesson 4)

第9節　Picture Describing

　教師の質問に答えるだけではなくて，生徒自らが事物や人物を説明する活動をPicture Describingと呼ぶ。この活動は近年脚光を浴びてきている。Q&Aが英検3級2次試験の練習であるが，このPicture Describingは準2級2次試験の練習になる。

1．6-Way StreetでのPicture Describing

　以下の資料および感想は，まだPicture Describingが注目される前のものである。

　　　　　　　　　　6-WAY STREET ワークショップ
　　　　　　　　　　　　　　　　　2003年7月26日 筑波大附属駒場中高校
「Picture Describing ―ピクチャーカードを説明する即興スピーキング活動」
　　　　　　　　　　　東京都狛江市立狛江第一中学校　北原延晃

Picture Describing
　活動のねらい
　　・即興で発話する訓練　→結果的に英検準2級2次試験に対応
　　・describeする力をつけると同時に自分の感情を表現できるようにする
　　・書く／読む活動へとつなげる　→結果的に和英辞典の使い方に習熟する／多読・速読の練習になる
　実践例
　　町田市立本町田中学校3年生（平成13年10月～11月頃）
　　教科書はNew Crown English Course Book 3（平成9年度版）L.5（4）～L.8（2）
　　使ったピクチャーカード（本日使うもののみ）
　　　①L.5（4）健と天丼
　　　②L.6（1）キング牧師　→　DVD『6-WAY STREET』下巻disc 1に収録
　　　③L.7（2）ハゲワシと少女
　　　④L.7（3）安全への逃避
　ワークショップ
　　　①DVD視聴
　　　②L.5（4）を使ってPicture Describing体験　speaking → writing

③ L.5（4）を使ってリーディング活動
④ L.7（2），L.7（3）の生徒作品鑑賞

3年生 Picture Describing ―生徒がその場で言った後，書いた文

＊生徒の作文のまま（イニシャルは生徒名）
つづり間違いなど誤りもそのまま掲載

Lesson 6（1）キング牧師

There are many many people.	S	He has mustache.	H
He is hansam.	WN	I think he is famous.	Y
He is a black man.	WY	He is appealing about slaves.	A
He is talking.	Y	There are black people behind him.	K
I think maybe he is a marine.	O	He looks sad.	KS
I think he is a leader.	M	I think he is growing mustache.	OS
He is very serious.	HR	That picture is very old.	T
I think, he is very angry.	SY	He has big eyes.	B
I think he is speaking for many people.	KB	He is a nice guy.	TK
I think he is talking about skin colors.	HT	It's a great speech.	N
He is a great man.	TK	There is a policeman behind him.	KS
I think his grandfather came from Africa.	HT	He has a short hair.	F
I think, he talked about discrimination.	ST	I think he's talking in public.	E
He is speaking about racial discrimination.			NM
I think there are manay people talking about slaves.			SD
He is Martin Luther King Jr. He was a great leader.			TG
I think black people won the discrimination fight.			E

Lesson 7（2）ハゲワシと少女

A vulture was waiting for a little girl to die.	OD
I'm very sad.　Because She is dying.	YY
This picture was shocking.　Because she is dying.	YH
The news made many people sad.　Because she was dying.	SN
I don't know this country was under sad circumstances.	FY
She can't move because she is hungry.　I hope for people.	MR

There is a poor girl.　I was shocked by this picture.	I
She is very hungry.　So she fell down on the ground.	SS
I was sad because she was suffering very much.	G
The girl is suffering from hunger.　so I'm very sad.	HT
The photo is horrible.　I can't believe it.	KZ
I think the bulture is as large asa the girl.	TC
Maybe she was waiting for the photographer to help.	FT
When I see this picture, I think I want to help her.	MZ
She looks weak.　So I want to help her.	H
She is dying now.　I want to help her.	KY
I think the child doesn't eat anything because she is dying.	A
A vulture wants to eat a little child.　The photo made me sad.	KN
My heart is full of sadness, because the vulture aimed at the girl.	KM
This picture was taken by Kevin Carter.　He wanted the world to know the facts.	HY
This is the Kevin Carter's photo.　But I think he had to save the child before he took it.	KM

Lesson 7 (3) 安全への逃避

He has very sad eyes.　Because a war was braking out.	SN
The family was very tired.　Her baby was sad.	YY
There are five people.　They are not happy.	KM
The family got away to a safe place.	YY
They swim across the river, because they run away from war.	AR
His eyes look like miserable.　I think he is running away from the war.	WY
They lost thier a home.	SE
They runaway to get freedom.	M
This photo was taken by Sawada Kyouich.　He helped family after he pressed sutter.	I
The mother is defending her children.　They have sad faces.	WH
The family are running away because they are afraid of war.	HD
They are very desperate, because it is dangerous to stay here.	KM
They are escaping for safety.	H

第9節● Picture Describing

They took refuge in a safe place.	FS
They wanted to go to a safety zone.	FY
They are leaving for a safety place.	WH
Why are they in the water? I think they are running away.	KZ
They are runing away from dangerous places.	TC
There is no father. Maybe the father has gone to soldier.	TD
They are running away to safe place.	HK
I think they are getting away for peaceful place. They are very poor.	KB
They are in danger. I think it is war.	FK
They are getting away from the war. They want to live longer.	OT
Maybe they are running away from the war. So I want peace.	H
There is a familly in the water. I think they are running away from war to peace.	SS
The picture makes me sad.	OS
She wants to save her sons and a daughter. I want to help them.	E
This picture was taken in the Vietnamese war by Sawada Kyoichi.	AK
Maybe they are looking for the place to live happily. I want them to be happy.	KS
She held her baby in her arms.	NM
I think they are in Vietnam's war. So they are escaping there.	HY

＊このワークショップの模様については，DVD『6-Way Street』ライブ版（2004年 BUMBLEBEE & MEDICOM）に，Picture Describingの実践については，DVD『6-way Street』（2003年 BUMBLEBEE & MEDICOM）に収録

　以下は，「6-Way Streetライブ」に参加された方々のPicture Describingについての感想である。

・もうワークショップから一週間経とうとしています。本当に様々なことを学びました。会場から「おー」という驚きの声があったり，「あー，なるほど」という納得の声があったりしました。あのようなつぶやきが授業の中でも出ているので，先生方の授業は魅力があるのでしょうね。教科書のピクチャーカードを使った活動…始めは描写だけだったのが，感情を伴った表現に変容していくのが印象的でした。力のある写真は，生徒の心を動かし，表現したいという意欲を起こすのでしょうね。

(長野県・中・男性)

- 北原先生の元気ハツラツのプレゼンにぐいぐい引き込まれました。とにかくやってみよう！ Don't be too precise! との先生のお言葉。私も9月以降取り組んでゆこうと檄文をいただいたひとときでした。Thanks!! （神奈川県・高・男性）
- 中学校の段階でこれだけの作文ができることに驚いた。これだけの潜在能力があるのに見逃していたり、できないと決めつけている自分を勿体ないと思った。できないのやわからないのを中学段階での指導不足となげくのではなく、自分の指導法を見直して生徒の良い所を伸ばしていきたい。ありがとうございました。

（山形県・高・女性）
- 先生のトークがとても楽しかったです。英文を言う→書く→読むという先生の英語の授業の中で生徒同士の意見をシェアするという活動は英語の授業でなくても大切なことだと思います。人のよさを見つけ広めていけるそんな生徒を育てたいです。ありがとうございました。 （高知県・中・女性）
- あの「わくわく授業」の先生に今日会えてラッキー！ でした！ Picture Describing は目からウロコでした！ 高いピクチャーカードの活用方法何かないかなあと思っていた所で、2学期やってみたいと思います。（神奈川県・中・女性）
- ほんとうにあるショーを見せて頂いた気分です。「文が書けるようになったのは書かせる機会をたくさん与えているだけ」と言われたのが印象に残っています。Picture Describing のパワー恐るべしです。まず言わせてから書かせている所がいいと思います。それと内容理解をした後と即興と交互にやっていくと本当の力がつく気がしますのでぜひ取り入れさせて頂きたいと思います。

（三重県・高・女性）
- knob and key 最高！！ 自己紹介のおもしろさに引き込まれていきました。Picture Description で書く力もしっかりついているのに驚きました。語彙リストも是非使わせてもらいたいと思います。教えていく上で「引き出しを正しく使っていけるようにする」という言葉が印象的でした。高いところから引き上げるだけでなく、下からおし上げたり、横に立って立ち上がるのを待つことも必要だ、ということはいつも心に留めておきたいと思いました。 （高知県・中・女性）
- 先生のアイデアってすごいと思います。そういう彼らの発想を引き出せる部分をもっと作ってやること、またそれを彼らにフィードバックしてやることが大切だと感じました。それから「歩く教材」いつか自分もやってみたいなと思います。生徒もさることながら先生のユーモアのアイデアすごい！ （大阪府・中・女性）
- Picture Description での子どもたちの表現力に驚きました。北原先生の日々の細やかな指導の積み重ねですね。私はペアワークはグループワークを行ってもやりっ放しだったのでしっかり書きとめ自分の学習の足跡を残させようと思いまし

た。北原先生のお話からはいつも学ぶことが多いです。ありがとうございました。Picture Description は私もぜひ実践したいです。　　　　　　（北海道・中・女性）
・北原先生でも悩むことがあるのかと共感しました。Picture Describing はそれだけに止まらずに writing, reading に活用してらっしゃるとのことで上手い方法だと思いました。そして学習した文法項目が時間がかかって習得されてゆくのだということは納得しました。　　　　　　　　　　　　　　　　（神奈川県・高・男性）
・温かい人柄と口調で思わず授業に取り組んでいる生徒のような気分で聞かせていただきました。言う（話す）書くを連動させ、書いた文がまわりの人に読まれる教材となる Picture Description はどの生徒もお客様にならず参加できるすばらしい方法だと思いました。大らかさの裏にある緻密さに感服しました。

（神奈川県・中・男性）

2．現在の Picture Describing

「6-Way Street ライブ」より6年が経って、今では次のように指導している。3年1学期から始めているが、もっと早く始めてもいいかと思っているところである。

場面：教科書本文内容理解に入る前
●手順1（3年1学期）スピーキング→ライティング
① picture cards をストーリー順に1枚ずつ黒板に貼る
② 生徒は起立して挙手して答える。その文が正しい文だったらその生徒は座る
③ 座った生徒は Picture Describing シートにその文を書く（このシートはいっぱいになったら提出する。学期末に書いた文の数と質で評価する）。

●手順2（3年2学期）ライティング
① picture cards をストーリー順に1枚ずつ黒板に貼る
② 生徒は Picture Describing シートに、その絵を説明する文をできるだけたくさん書く（30秒～1分の間）

3．『英語でしゃべらナイト』で紹介された Picture Describing

以下は月刊誌『NHK 英語でしゃべらナイト』2004年12月号（アスコム）で紹介された Picture Describing である。

この活動は生徒の想像力（imagination）を刺激して創造力（creativity）を伸ばす活動です。中学3年生から実施可能です。

● イラスト1を見て言えること
・中学1年生レベルの文
　This man is riding a Shinkansen.
　He is riding Hayate now.
　He is coming to Tokyo Station.
　Shinkansen is very fast.
・中学2年生レベルの文
　There are two trains in the picture.
　This man is traveling by train.
　He wants to go to Himeji.
　He looks happy.
　He must/needs to/has to change trains at Tokyo Station.
　He must only take Hikari because Nozomi doesn't stop at Himeji Station.
　He can't take Kodama because it only goes to Shin-Osaka Station.
・中学3年生レベルの文
　The Kodama Super Express Train #417 will depart/leave from Platform 16 at 12:56 for Shin-Osaka.
・高校生レベルの文
　He can't take the Kodama Super Express Train because its destination is Shin-Osaka Station.
・さらに想像を働かせて
　This man is coming from Sendai, Morioka or Hachinohe.
　I think he is going to visit his friend's house in Himeji.
　I know there are many kinds of *ekiben* on the train.
　I love traveling by train than by car because trains are eco-friendly.

● イラスト2を見て言えること
1　電光掲示板周辺を中心に
　This is the closing ceremony of women's marathon.
　A world record has been established.

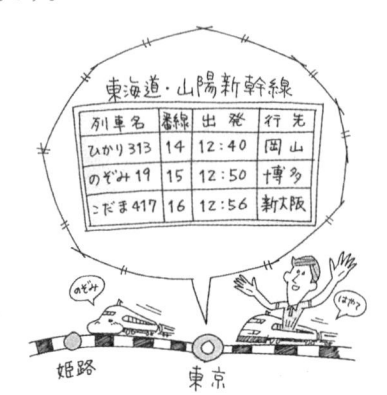

There are three flags over the screen.

2 　選手を中心に

The race has just finished.
The woman in the center has got the gold medal.
The runner on the right looks angry.

3 　観客席を中心に

There are many flags among the people.
I can see Japanese and American flags.
There are a lot of people in the stadium.
They are shouting.

4 　想像力を働かせて

The runners must be very tired after the hard race.
I think this is Athens Olympics.
I can imagine Japanese supporters look happy because the Japanese runner became the champion.

＊NHK総合テレビの放送でもPicture Describingが紹介された。(2005年3月28日放送)

次の記述は読者からのモニター結果である。

【24個の記事から「イラストで学ぶ北原メソッド」を選んだ理由】
・「イラストで学ぶ北原メソッド」がとても良かったです。自分で英語を考えるのが苦手なのですごく役立ちました。　　　　　(岡山県，27歳，女性，会社員)
・読むだけでなく書いてみるのも必要。　　　(神奈川県，65歳，男性，輸入業)
・現在，英語を教える立場になり，大変勉強になったので。
　　　　　　　　　　　　　　　　　　　　　(群馬県，27歳，女性，臨時講師)

- 意外と説明したりするのに難しく考えすぎて説明できなかったりするので，簡単な文でもいろいろと表現することができるし，想像力も必要だと思った。
（福岡県，29歳，女性，無職）
- 13番は特に興味深く勉強になった。　　　　（東京都，25歳，女性，販売員）
- 自分の教え方にも取り入れてみたいと思ったから。
（埼玉県，49歳，女性，塾講師）
- わかりやすかったです。腑に落ちたという感じ。　（長野県，32歳，女性，無職）
- 13番は今とても英語教育に興味があるので大変おもしろかったです。
（兵庫県，20歳，女性，学生）
- 効率よくマスターしたいと思ってたので私にとってタイムリーな記事でした。
- 授業の役に立った。　　　　　　　　　（香川県，34歳，女性，日本語教員）
- 実践的で勉強になった。　　　　　　　（東京都，39歳，女性，日本語教員）
- 自分も今英語の勉強をしているため　　　　（東京都，27歳，女性，主婦）

第10節　スピーキング活動に関する生徒の感想

「2学期の学習を振り返って」より抜粋

【できるようになったこと】
●1年B組
- 英語で自己紹介ができるようになった。（自己紹介の文を5個以上覚えた）
- YesかNoで答えられる疑問文を言ったり，答えたりできるようになった。
- 少しは外国の人と校外で話せるようになった。そして自分から進んで外国の人に話しかけたり逆に話しかけられた時にきちんと会話することができた！自分の身の回りの事を英語で紹介したりすることができるようになった！！
- 今まで（小学校なども）に学んだ単語をつなげて文にすること。
- 自分の事も少しなら紹介すること。
- あいさつや話したりするのがすこしできるようになった。英語をすこしだけ読めるようになり，話す事ができる。ペアーワークを出来るようになって表現が出来るようになった。
- 次に色々な質問を言ったり書いたりできるようになりました。
- 習った事がない英文もなんとなく言う事が出来るようになってすごく嬉しかったです。
- ジェスチャーがだいぶできるようになった。

- 英語での会話を1学期よりも楽しくジェスチャーもくわえてできるようになった。むずかしい単語を文にくわえて発音することが2学期の半ばぐらいからできるようになってきた。
- 2学期になって少しだけジェスチャーを使うようになれました。
- 英ごで少しかいわができるようになった。

●2年生発展コース
スピーキング
- 英会話がなめらかにパッと言えるようになった。
- 他にもクイックQ＆AやQ＆A（注 ピクチャー・カードを使った）をやることで少しずつ周りの状態から文を考えることができるようになったのでよかったです。
- ペアワークで紙を見ないで相手の顔を見て話すことができた。
- 1学期よりもQ＆A（先生が絵を見せてやるやつ）は手をあげて答えることができた。
- Q＆Aができるようになった。
- Q＆Aがけっこう出来るようになった。

パフォーマンス
- また，今学期の学芸発表会ではスピーチに挑戦できてとてもうれしかった。まだ自分の英語は完璧ではないと思ったので，ジェスチャーを入れ，観客に分かりやすい様にする努力もしてきた。スピーチはとてもいい経験になった。

クイックQ＆A
- 他にはクイックQ＆Aができるようになりました。
- 日本語の文を見て，英語の文を作るスピードが速くなった。マシンガンQ＆A（注 クイックQ&Aのこと）を友達とやる時，質問されてからすぐ答えられた。さらにそれに加えてリアクションをとる文とかも言えるようになった。
- 2学期になってできるようになったことはマシンガンQ＆Aのおかげで紙を見なくてもだいたい会話が出来るようになりました。前までは見ないとあまり出来なかったので練習をして役に立つなあと実感しました。

●3年生発展コース
スピーキング
- 3つ目に英語での日常会話です。スキットや先生たちの見本を通して知らなかった表現方法や呼びかけ，イディオムを知り，使うことができたのがとても良かっ

たです。
- 家でも少し英語を使うようになったような気がします。親と話す時もちょっとした英語を使うようになりました。
- 「自己表現お助けブック」や「EE」などで基本的な文法や会話文を学び，少しずつできるようになった。

パフォーマンス
- 2学期になって「日本文化紹介」と「広島レクイエム」など発表の場（？）が多くあり，自分で英文を一から考える機会があって，前よりも語い力，文法力，書く力がついたと思います。また，人前で発表することで発音にも気を配ることができました。

ピクチャー・ディスクライビング
- ピクチャー・ディスクライビングもいえることはどんどん言っていけた。
- ピクチャー・ディスクライビングで色々な表現を学ぶことができた。
- ピクチャー・ディスクライビングで英語の表現が自分の中で少し増えたと思う。

参考文献（上巻）

●論文・専門書など

太田洋（共同研究者代表）(1998) 第10回「英検」研究助成 C. 調査部門『Successful Learnersの英語学習法—生徒へのアンケート調査結果分析—』日本英語検定協会

KITAHARA Nobuaki (1989)『A Study on Pair Work & Group Work that Provide Stages for More Communication Activities』University of Exeter

北原延晃（2007）第20回「英検」研究助成 委託研究部門『英検Can-Doリストを使ったSelf-Access Learningリスト作り』日本英語検定協会

北原延晃（1995）第7回「英検」研究助成 C. 調査部門『楽しい授業は力のつく授業だ—生徒へのアンケート調査結果—』日本英語検定協会

長勝彦監修，北原延晃他（1997）『英語教師の知恵袋』上巻　開隆堂出版

北原延晃（2004）『NHK教育テレビ『わくわく授業』ビデオ』NHKエデュケーショナル

北原延晃（2008）『NHK教育テレビ・わくわく授業　—私の教え方—』(DVD) ベネッセコーポレーション

北原延晃他（2003・2004）『6-Way Street』DVD上下巻／ライブ版　バンブルビー＆メディコム

北原延晃（2002）『スピーキング活動の絶対評価実例シリーズ』(ビデオ) TDKコア／開隆堂出版

田尻悟郎（2009）『(英語) 授業改革論』教育出版

根岸雅史・東京都中学校英語教育研究会編著（2007）『コミュニカティブ・テスティングへの挑戦』三省堂書店

毛利公也（2004）『英語の語彙指導　あの手この手』溪水社

望月正道・相澤一美・投野由紀夫（2003）『英語語彙の指導マニュアル』大修館書店

『語いと英語教育⒃　—TEACHER TALK⑴—』(1993) 東京都中学校英語教育研究会研究部

『語いと英語教育⒄　—TEACHER TALK⑵—』(1994) 東京都中学校英語教育研究会研究部

『語いと英語教育⒆　—TEACHER TALK⑷—』(1996) 東京都中学校英語教育研究会研究部

『語いと英語教育⒇　—TEACHER TALK⑸—』(1997) 東京都中学校英語教育研究会研究部

『語いと英語教育㉗　—語い指導⑶—』(2004) 東京都中学校英語教育研究会研究部

『語いと英語教育㉙　—語い指導⑸—』(2006) 東京都中学校英語教育研究会研究部

『語研ジャーナル　第7号』(2008) 語学教育研究所

●教科書・学習指導要領
『New Crown English Series』（2002・2006）三省堂
『New Horizon English Course』（1993）東京書籍
『Sunshine English Course』（2002）開隆堂出版
『Total English』（2002）学校図書
『中学校学習指導要領』（2008）文部科学省
『中学校学習指導要領解説　外国語編』（2008）文部科学省

●教材など
北原延晃・櫻井譲（1995）『NHK CD 基礎英語―リスニング講座(2)』NHK サービスセンター
北原延晃他（2001）『決定版！授業で使える英語の歌20』開隆堂出版
北原延晃他（2008）『決定版！続・授業で使える英語の歌20』開隆堂出版
北原延晃（1996）『スーパー・ペアワーク1年・2年・3年』正進社
北原延晃他（1998）『中学生のためのLISTENING TRAINING POWERED』秀文出版，現在・学校図書
田尻悟郎（2009）『自己表現お助けブック　改訂版』教育出版
『Catch a Wave』（中高校生用英字雑誌）浜島書店
『Let's Enjoy "BINGO" 標準版2～3年』（2003）浜島書店
『NHK英語でしゃべらナイト　創刊2号』（2004）アスコム
『英語のパートナー』（教科書準拠ワークブック）正進社
『じゃれマガ』（アメリカ人大学教師による英文日記 Web 版）浜島書店
橋本光郎編（2002）『チャレンジ英和辞典　第4版／第5版』ベネッセコーポレーション
Ian Falconer（2000）『OLIVIA』Anne Schwartz Book

●生徒用参考図書（英語教室装備）
the Longman ELT reference department（1987）『Elementary Dictionary』Longman
秀学社編集部『E-Pilot』秀学社
『Oxford Photo Dictionary』（1991）Oxford University Press
S.M.Bennett and T.G.van Veen（1983）『The Topic Dictionary』Nelson
Steven J. Molinsky & Bill Bliss（1994）『Word by Word』Prentice Hall Regents
『初級英和辞典』（1993）ロングマン―光村図書
伊藤健三他監修（1995）『新英語要覧』大修館書店
『ワールドアトラス』（2000）集英社

著者紹介

北原延晃（きたはらのぶあき）

1955年東京都葛飾区生まれ。東京外国語大学ドイツ語学科卒業。在学中はESSに所属し英語劇に打ち込む。

東京都葛飾区立綾瀬中学校，墨田区立錦糸中学校，杉並区立和田中学校，町田市立本町田中学校，狛江市立狛江第一中学校を経て現在港区立赤坂中学校教諭。東京都中学校英語教育研究会（都中英研）研究部部長。

長勝彦先生から教えられたベーシックな授業法を根幹に，生徒の目線に立ち，データによる検証に基づいた研究を進め，独自の指導理念・指導技術を固める。長く全英連を始めとする数々の公開授業授業者と全国各地での研修会の講師をつとめる。2004年に英語基本指導技術研究会（北研）を設立し主宰，2006～2007年度東京教師道場助言者をつとめるなど，後進の指導にも力を入れる。
NHK教育テレビ『わくわく授業～わたしの教え方』で紹介された指導学年は，平成18年度に実用英語技能検定試験（英検）優良団体賞受賞（準2級受験率・合格率全国公立中学校トップ）。
趣味は料理と素潜り漁。

主な著書など

文部科学省検定教科書『Sunshine English Course』（共著・開隆堂出版），『英語教師の知恵袋』『決定版！授業で使える英語の歌20』（以上共著・開隆堂出版），『スピーキング活動の絶対評価実例シリーズ』（監修・TDKコア／開隆堂出版），『NHK CD 基礎英語―リスニング講座(2)』（共著・NHKサービスセンター），『中学生のためのLISTENING TRAINING POWERED』（共著・学校図書），『スーパー・ペアワーク 1年・2年・3年』（正進社），『6-Way Street』DVD 上下巻／ライブ版（共著・バンブルビー＆メディコム），『チャレンジ英和辞典　第4版／第5版』（編集協力・ベネッセコーポレーション）など多数。

英語授業の「幹」をつくる本　上巻

2010年3月　第1刷　発行
2014年8月　第7刷　発行

著　者　　北原延晃
発行人　　山﨑昌樹
発行所　　株式会社ベネッセコーポレーション
　　　　　〒206-8686　東京都多摩市落合1-34　電話 (042)356-1100
編集協力　株式会社カルチャー・プロ
装丁　　　岡崎健二
印刷・製本　加藤製版印刷株式会社

定価はカバーに表示してあります。
乱丁・落丁本は，送料小社負担にてお取り替えいたします。
本書の無断複写複製（コピー）は，特定の場合を除き，
著作者・出版者の権利侵害になります。

ISBN978-4-8288-6475-4　C3082　　NDC375
© KITAHARA Nobuaki, 2010
Printed in Japan